**Gebrauchsanweisung
für Brüssel und Flandern**

Siggi Weidemann

Gebrauchsanweisung für Brüssel und Flandern

Piper München Zürich

ISBN 978-3-492-27565-1
© Piper Verlag GmbH, München 2007
Karte: cartomedia, Karlsruhe
Gesamtherstellung: Clausen & Bosse, Leck
Printed in Germany

www.piper.de

Inhalt

Frisch renoviert
oder Ein Juwel der Sonderklasse

Man stelle sich nur einmal vor, was heute in Berlin oder München los wäre, wenn der Kulturdezernent vorschlagen würde, ein Fünftel des jährlichen Stadthaushaltes für Kunst auszugeben. Der gute Mann würde zuerst geteert und gefedert und anschließend in die Zwangspensionierung oder gar in die Psychiatrie gesteckt. Aber genau diese unglaubliche Summe – und manchmal noch mehr – spendierten seinerzeit die Herzöge von Burgund, die an den Höfen von Brügge und Brüssel residierten, und die reichen burgundisch-flämischen Tuchmacherstädte. Sie handelten nach dem Motto, dass Kunst und nicht Waffengetöse wahre Größe ermöglicht – und bewiesen damit das richtige Gespür. Der Wunsch nach Repräsentation hat Flandern nicht nur größer scheinen lassen, als es war, sondern hat das Land berühmt gemacht.

Seitdem hat das Land eine Ausstrahlung bis in alle Weltecken, denn Flanderns Signale werden in allen Sprachen verstanden: Die Malerei. Das burgundische Erbe als Attraktion. Und wenn man sich fragt, was Flandern zu Beginn des 21. Jahrhunderts mit den Sternstunden seiner bürgerlich-höfischen Burgunderepoche verbindet, dann ist es dieser unschätzbare Vorteil: Regionalismus und Optimismus. Die Menschen gehören nicht nur zu den wohlhabendsten, sondern auch zu den am positivsten eingestellten Bürgern Europas – und so wird kräftig weiter investiert: Historische Monumente prunken in neuem Glanz, Lagerspeicher werden zu Tempeln der Kunst und des Tanzes umgewandelt, die historischen Zentren werden von engagierten Architekten revitalisiert, das marode Atomium in Brüssel wurde aufwendig restauriert, Mode und Design haben sich international etabliert, innovative Chocolatiers und Köche machen von sich reden, und noch immer ist auch das verschlafenste Dorf mit öffentlichen Verkehrsmitteln zu erreichen. Wer das Land lange nicht besucht hat, wird sich verwundert die Augen reiben. Und wer noch nicht dort war? Ich würde sagen, fahren Sie einfach los und sehen Sie selber nach, so weit ist es ja auch wieder nicht.

Das scharf umrissene Profil von einer schönen, aber nicht zu weiten Landschaft ist allabendlich auf der Wetterkarte präsent: ganz unten links – am blauen Streifen der Nordsee. Auch vom Weltraum aus nimmt sich der Flecken für Astronauten und Raumtouristen bestimmt ganz prächtig aus, denn seine Autobahnen sind beleuchtet. Aus der Nähe betrachtet, ist das Land eine durch die Jahrhunderte durchgewalkte Region, und nach dem Grenzübergang fällt auf, dass man sich in einem mehrsprachigen Land befindet. Beachten Sie etwa die Ortsangaben auf den Verkehrsschildern. Einmal sind die Namen in Französisch, dann wieder in Niederländisch geschrieben. Da heißt es mal Bruxelles, mal Brüssel, mal steht da auch Anvers, wenn Antwerpen gemeint ist, die Stadt Louvain ist mal Löwen und mal Leuven, Bruges heißt auch mal Brügge, für Liège steht Luik oder Lüttich, und es findet sich ein Tournai, wenn Doornik gemeint ist. An den Wegweisern kann man somit ablesen, ob man sich im französischsprachigen oder im niederländisch- beziehungsweise flämischsprachigen Gebiet befindet. Reisen Sie mit dem Auto, drehen Sie die deutschsprachigen Sender weg und wählen neu. Ob Sie nun einen französischen oder flämischsprachigen Sender hören, die Musikauswahl, etwa auf Radio Eins, wird Sie angenehm überraschen. Sie ist intelligent, abwechslungsreich und stets so stimmungsvoll, dass man fast glauben könnte, man befände sich auf einer Küstenstraße entlang der Riviera.

Das Königreich Belgien mit Europas Hauptstadt Brüssel ist ein Schmelztiegel fränkischer, romanischer, germanischer und sächsischer Mentalität und trägt die Widersprüche Europas in sich. Neben der Schweiz ist dieser Staat der einzige Vielvölkerstaat in Westeuropa und dabei kleiner als der Nachbar Nordrhein-Westfalen. Im Vergleich mit anderen Großstädten fällt erst auf, wie reizvoll und menschlich ein politisches Zentrum sein kann, das dennoch all das hat, was eine Hauptstadt ausmacht: Brüssel strahlt das Image einer geschäftigen Handels- und Verwaltungsmetropole aus, es gibt Kultur und Ideen, experimentelle Lebensstile und politische Macht. Die Stadt ist hipp und liegt auf der Rangliste der starken »Citybrands« vor Hongkong, Singapur, Prag und Mailand. Wie bei einem Déjà-vu-Erlebnis reibt der Besucher sich die Augen, wenn er durch die Gassen von Gent oder von Antwerpen spaziert und hinter altem Gemäuer die verrücktesten Boutiquen entdeckt. Die Revitalisierung der historischen Zentren aller flämischen Städte ist eindrücklich und lenkt mit Erfolg die Aufmerksamkeit der Welt auf sich.

Das Land der Sensiblen und Starrköpfe hat in der Geschichte eine wichtige Rolle gespielt, und seine kulturellen Leistungen waren und sind inspirierend. Vielleicht, weil dieses Land einst so etwas wie ein Paradies war, das glaubten jedenfalls jene, die die farbenfrohen und hintergründigen Bilder der flämischen Maler zu Gesicht bekamen, auf denen die Menschen gut genährt aussehen, es immer heiter zugeht und stets wunderbares Wetter herrscht. Paradiese üben auf Menschen eine geradezu magische Anziehungskraft aus, alle Sehnsüchte der Menschen fließen in dieser Zauberwelt zusammen. Die Maler haben viel harte Arbeit in wundersame Gefilde gesteckt, schufen Bilder wie das Schlaraffenland oder das Paradies, aber auch die Wonnen der Hölle. Ich habe mir alle Mühe gegeben, Pieter Bruegels des Älteren Arkadien zu finden, jene flämische Festkultur, die als Heilmittel gegen die Plackerei des Alltags half, den Wirrwarr rund um Europas Kapitale zu entwirren und das Geheimnis von Flandern, jener flämischen, offiziell niederländischsprachigen Region im Norden Belgiens, zu entdecken, und befinde mich selbst in einem verwirrten Zustand.

In Museen und Kirchen hängt das Bilderwerk mit drallen Liebespaaren und üppigen Marktszenen, mit feinen Stillleben und überquellender Natur, mit Weltuntergängen und Totentanz. An kulturellen und künstlerischen Leistungen hat Flandern nicht weniger hervorgebracht als Oberitalien. Die kunsthistorischen Linien laufen bis zur Moderne mit René Magritte und James Ensor, mit Paul Delvaux und Fernand Khnopff, mit Panamarenko (Pseudonym von Henri Van Herwegen) und Léon Spillaert. Auch die Comics »Bande Dessinées« sind eine Spezialität des kleinen, feinen Landes, das eine kulturelle und künstlerische Großmacht ist

Erlebnis- und Kulturreisen gehört die Zukunft. Darin sind sich Experten einig. Wie beliebt sie sind, beweist ein Hamburger Kaffeegroßröster, der in seinen Filialen nicht nur Badereisen erfolgreich anbietet, sondern auch Städte-Arrangements mit Kultur. Historische Städte wie Antwerpen, Gent, Brügge oder Löwen, belebt von Studenten und Besuchern, wirken nicht museal, sondern vermitteln individuelle Erlebnisse und Erfahrungen. Was immer es dort zu erleben gibt, es wird genutzt, gebraucht und verschlissen. Hier kann der Reisende auch Auszeiten nehmen, abseits von beruflichen Verpflichtungen. Ein ideales Ziel für all jene, die global denken, in der Welt zu Hause und anspruchsvoller denn je sind. Der Besucher wird von einem Zeitstrudel erfasst und in eine Welt hineingezogen, an die er sich allenfalls aus Historienromanen oder Märchenbüchern erinnert. Betrachtet man es so, profi-

tiert das Land auch vom wachsenden Bedürfnis nach Spiritua-
lität. Es gab sogar eine Gruppierung, die vorschlug, man solle
Eintritt für Flandern kassieren, denn das Land biete mehr
Attraktionen als Disneyworld. Wen dieser Vergleich nicht
reizt, der kann ja auf die Lebensphilosophie der Flamen
zurückgreifen: »Man kann vieles hier, vor allem aber kann
man hier leben.«

Bruegels flämisches Arkadien

Vielleicht war es die Sonne, die einfach nicht hinter den Hügeln untergehen wollte. Vielleicht war es die Fahrt über die holperigen Feldwege, vielleicht auch der Weinberg, über dem sich das wehrhafte Schloss Gaasbeek erhebt. Ganz sicher aber war es der Anblick der wetterfesten Reproduktionen des flämischen Malers, die am Wegesrand standen und die mir alle so bekannt vorkamen, besonders eins, Pieter Bruegels »Bauernhochzeit« in Sint-Anna-Pede. Der Mann, der vor der restaurierten Scheune auftaucht, grüßt und erkundigt sich, ob ich, da ich nun vor der Bauernscheune stehe, wisse, dass dort – vor beinahe einem halben Jahrtausend – Pieter Bruegel eine Bauernhochzeit miterlebt und gemalt habe. Es riecht ländlich, nach Pflanzen, nach Gemächlichkeit – und dann legt sich ein Schalter in meinem Bewusstsein um.

Vor dem Brüsseler Stadttor, dem Hallepoort, fand Bruegel sein »flämisches Arkadien«. Eine idealisierte Landschaft, in der Frohsinn und Heiterkeit sowie Ordnung zwischen Herrschern und Beherrschten herrschten. Der Blick reichte damals nicht über die eigene Kirchturmspitze. Anders als regional wurde hier nie gedacht.

Wer sich aufmacht, Flanderns äußersten Südwesten zu besuchen, der kommt ins Pajottenland. Ihren wunderlichen Namen verdankt diese Region der zu Lebzeiten Bruegels landestypischen flämischen Kopfbedeckung: den Strohhüten, *op zijn pajots*. Paillote ist das französische Wort für Strohhut. In der sanft hügeligen Landschaft des Pajottenlandes hat der Maler offensichtlich die Menschen für seine Volkskirmes und Bauernhochzeit, für seine Winterbilder und das vielfigurige Gewusel im bunten Treiben des Volkes gefunden. Im Wechsel von reger Stadt und bäuerlichem Fabelland hat er die Flamen tragisch und lustig, weise und närrisch, mystisch und sinnlich und stets auf der Suche nach Vergnügungen und Gott zugleich gemalt. Hier in Flämisch-Brabant entstand eine Art Menschheitsalbum der flämischen Renaissance, ein Panorama ländlicher Kultur und ein Spiegelbild des damaligen Lebensgefühls.

Flandern, diese europäische Region mit wachsendem Selbstbewusstsein, hat manche Künstler von Weltrang hervorgebracht. Etwa Jan van Eyck (um 1390–1441) oder Hans Memling (1435–1494), die ebenso bewundert werden wie der barocke Großmaler Peter Paul Rubens (1577–1640) oder sein Zeitgenosse Anthonis van Dyck (1599–1641). Auch dem surrealistischen Sonderling René Magritte (1898–1967) oder dem dekadent-geheimnisvollen Fernand Khnopff (1858–1921), dem Expressionisten James Ensor (1860–1949) werden viel Anerkennung zuteil. Aber der weltweit bekannteste und beliebteste flämische Maler ist Pieter Bruegel der Ältere (um 1530–1569). Keiner genießt so hohes Ansehen wie er, der die Tradition des Brabanter Meisters des Absurden, Hieronymus Bosch, virtuos weiterführte. Unter dem Einfluss der Renaissance machten bei Bruegel die höllischen Visionen Platz für die ironischen Darstellungen des täglichen Lebens, und mit den menschlichen Schwächen, den Lustbarkeiten und den Leidenschaften, vor allem aber mit seinen atmosphärischen Bauernbildern malte er sich in Seelenleben und Sehnsüchte der Menschen hinein.

Bis er sein Arkadien fand, führte ihn sein Weg an zahlreichen Meilensteinen vorbei. Die Lebensgeschichte Bruegels ist geprägt von allem, was sein Zeitalter bewegte: wissenschaftliches Interesse an der Natur und die Entdeckung der Neuen Welt, apokalyptische Vorhersagen und finsterer Aberglaube, Humanismus und Reformation. Mit etwa fünfundzwanzig Jahren unternimmt der Malermeister seine Italienreise (1552–1554) und gehört als »Fiammingo a Roma« (Flame in Rom) zu jener großen Schar von Künstlern aus dem Norden, die in Rom, Neapel, Florenz oder Venedig waren, um die zwei Kulturen »zu sehen und davon zu lernen«, die den menschheitlichen Höhepunkt markieren: die klassische griechische und die italienische, die der Renaissance.

Was der Reisende Bruegel zu sehen bekam und was er lernte, prägte nicht nur das Wetter, sondern auch die Launen von Wirten, Gaunern und Auftraggebern. Bruegel gehörte wie andere flämische und deutsche Maler zu den Wanderern und Pilgern, deren Blick in die Ferne gerichtet war. Sie fühlten sich im Europa der Renaissance als Weltbürger, weil es noch keine Staaten gab und ihr Aufbruch der Selbstfindung galt. Das erklärte Ziel: Den »Schönheitscanon« der Italiener zu erlernen und alles, wenn möglich, noch zu übertreffen. Bei den Darstellungen römischer Ruinen und imaginärer Gefilde, zeigt »Fiammingo« Bruegel sein Talent. Die bis in die Turmspitzen ausgeführten Bruegellandschaften waren in Italien sehr populär, führten sie doch die frische Renaissance aus der örtlichen Beschränktheit in die weite Welt hinaus. Bilder, die für den Export bestimmt waren, wurden auf Leinen gemalt, damit sie aufgerollt und leichter transportiert werden konnten. Sonst verwendete man Holztafeln als Bildträger.

Der Flame Karel van Mander (1548–1606), der ebenfalls in Rom studierte, beschreibt in seinem »Schilder-Boek« zahlreiche Künstlerviten. Über die Arkadienwanderungen Bruegels berichtete er: »Er hatte viel nach den Sachen von Hieronymus Bosch gearbeitet und malte auch viel Spukbilder und humoristische Szenen, weswegen er von vielen ›Pieter der Drollige‹ genannt wurde ... Er ging häufig hinaus zu den Bauern, wenn Kirmes oder eine Hochzeit stattfand. In Bauerntracht verkleidet und brachte Geschenke mit unter dem Vorgeben, zur Verwandtschaft der Braut oder des Bräutigams zu gehören. Es machte Bruegel großes Vergnügen, die Art der Bauern bei Prasserei, Saufen, Unzucht, Tanzen, Springen und anderen spaßhaften Dingen zu beobachten, die er sehr hübsch und komisch mit der Farbe wiederzugeben verstand.« Der französische Dichter Charles Baudelaire (1821–1867) weigerte sich, »das teuflisch amüsante Pandämonium Bruegels des Drolligen anders als eine Art von besonderer, satanischer Begnadung zu deuten«.

Auch seine zwei Söhne haben zur Namensbekanntheit des alten Bruegel, der als eine epochale Erscheinung zwischen Renaissance und Barock und als Held des Volkes gefeiert wurde, beigetragen. Jan (1568–1625) und Pieter (1564–1638), ebenfalls bekannte Maler, sorgten dafür, dass es viele Brueghels gibt: Sie gründeten das Unternehmen Brueghel und kopierten mit mehr oder weniger begabten Kollegen im Antwerpener Atelier die Arbeiten des Vaters. Im Gegensatz zu heute war das Kopieren populärer Werke in den Künstlerstädten Antwerpen, Brüssel und Brügge wie auch anderswo eine akzeptierte Praxis und die Frage »Original oder Kopie?« spielte eine untergeordnete Rolle. Über die Anzahl der kopierten Werke gibt es nur Schätzungen, aber es müssen Hunderte gewesen sein, die auch auf Jahrmärkten verkauft wurden. Allein vom »Bauernadvokat« sind zweiundneunzig Versionen, von der »Anbetung der Könige im Schnee« achtunddreißig, von der »Volkszählung zu Bethlehem« dreizehn und von der »Winterlandschaft mit Schlittschuhläufern« gar hundertdreißig Kopien bekannt. Diese Arbeiten wurden mit Bruegel, Brueghel oder Breugel signiert und diese Namensvariationen sorgen für Irritation. Hier die einfachste Fassung: Der Vater heißt Pieter Bruegel der Ältere, der »Bauern-Bruegel«. Seine Söhne sind Pieter Brueghel der Jüngere, der »Höllenbrueghel«, und Jan Brueghel der Ältere, der »Samtbrueghel«. Im Unterschied zum Vater werden Söhne und Enkel mit »h« geschrieben. Insgesamt vier Generationen umfasst die Brueg(h)el-Dynastie. Pieter der Jüngere steht als ein recht steifer Kopist des Alten in den Kompendien. Sein Bruder Jan, der mit Rubens in Rom studierte, gilt dagegen als fortschrittlicher Künstler.

Dank der brueg(h)elschen Bilderflut kennen wir zwar alle unseren Bruegel d. Ä., aber trotz seines Ruhms wissen wir nicht viel über sein Leben. Er wurde zwischen 1525 und 1535 irgendwo bei Antwerpen geboren und war Mitglied der Antwerpener Sankt-Lucas-Gilde. Seine arkadischen Darstellungen bilden das Dekor für seine *comédie humaine*, das Lustspiel von flämischen Dorfplätzen und Landschaften. Mit dem Jahrmarkt der Eitelkeiten und des Selbstbetrugs treibt er seinen Spott, und das fasziniert. Und wir trivialisieren seine Malerei, wenn wir seine Arbeiten mit dem Blick von heute betrachten. Für die Menschen damals hatte alles eine andere Bedeutung, ob es sich nun um die gemeinsamen Mahlzeiten, die Liturgie in der Kirche, die Farben, die geweihten Statuen, die Kunst oder um das Wetter drehte.

Die Nachfrage nach Bruegelbildern war überwältigend und auch seine Radierungen wurden in großen Auflagen verkauft. Bruegel und andere Maler lebten nicht nur von Großaufträgen. Sie malten auch Alltagswerk, das in Ausstellungshallen zum Kauf angeboten wurde. Das war bereits Albrecht Dürer bei seiner Flandernreise 1520 – 21 aufgefallen. In seinen Reisenotizen ist zu lesen, dass alle Bevölkerungsschichten, von Gastwirten, Soldaten und Hausknechten über Musikanten bis zu den reichen Kaufleuten, Bilder oder Zeichnungen erwarben und sich porträtieren ließen. Vielleicht hängt in mancher alten flämischen Familie noch der eine oder andere Brueg(h)el überm Kamin. Schließlich wurde vor einigen Jahren auch ein Rembrandt auf einem Flohmarkt entdeckt.

Bruegels große Werke verschwanden nach dem letzten Pinselstrich in den Sammlungen seiner Auftraggeber. Heute befinden sie sich in den großen Museen: in München, Paris, Madrid, Berlin, in Wien und natürlich in Brüssel und Flandern. Noch einmal van Mander: »...eine große Menge fein und säuberlich gezeichneter, mit Inschriften versehener Satiren, die zum Teil bissig und spottgetränkt waren, ließ er jedoch, als er todkrank war, von seiner Frau verbrennen, entweder aus Reue oder aus Furcht, dass seiner Frau Unangenehmes daraus entstehen könnte.« Auf dem heutigen Kunstmarkt ist die »Marke« Brueg(h)el so beliebt wie kaum etwas anderes aus der Renaissance. Sotheby's in New York, ein Haus, das eher zur Untertreibung neigt, hatte das Bruegel-Werk »Winterlandschaft mit Schlittschuhläufern«, das im Januar 2007 unter den Hammer kam, auf eine bis eineinhalb Millionen Euro taxiert. Der Käufer, ein Europäer, der unbekannt bleiben will, zahlte nach einem Bietergefecht über zweieinhalb Millionen Euro. Aber auch weniger Zahlungskräftige können sich an Brueg(h)el-Arbeiten erfreuen. Als Reproduktionen sind sie über die gesamte Welt verteilt, schmücken Werbeflächen, Servietten, Biermarken, und im Pajottenland stehen großformatige Reproduktionen der berühmten Motive.

Heute macht sich im Pajottenland, wie überall im ländlichen Gebiet, die Nähe zu Brüssel bemerkbar, denn es wird eifrig gebaut, und die Bewohner kämpfen dafür, dass ihre Idyllen bewahrt bleiben. Aus dem Dorf Pepingen, das aus einigen Cafés, wenigen Geschäften, einer Kirche, einer Schule, einem Rathaus und einem intimen Dorfplatz besteht, führt die Vroembosstraat hinaus auf eine Weide mit Obstbäumen. Dahinter erstrecken sich die Felder bis zum Horizont. An der Wiese steht ein hölzernes Schild: »Hände weg von unserem Grün. Pepingen, darum geht es uns. Wir wollen keine Wohnblocks – auch nicht für Millionen.« Der Protest eines Dorfes, das sich gegen den Bau von achtundsiebzig Wohnungen zur Wehr setzt. Als gewichtigstes Argument wurde angeführt, die Neubewohner würden sich nicht ins soziale Leben integrieren und das Dorf werde sich zu einer »Schlafgemeinde« verwandeln, wie es sie so oft in Sichtweite der Städte gebe. Über den Protest war der Gemeinderat so erschrocken, dass er das Projekt tatsächlich abgeblasen hat und nach einer Alternative sucht. Auch in anderen Gemeinden wehren sich die Alteingesessenen gegen neue Bewohner – aus Angst vor Überfremdung.

Pieter Bruegel hätte diese Pepinger gewiss unterstützt. Er hat sich mit seinen den menschlichen Schwächen, Lustbarkeiten und Leidenschaften gewidmeten Kompositionen, mit seinen Schreckensvisionen, vor allem aber mit seinen atmosphärisch dichten Bildern in die Herzen der Menschen gemalt. Beim Anblick von Werken wie der »Bauernhochzeit« oder den »Gästen beim Tanz« denkt der Besucher: Da wäre ich jetzt auch gern. Er träumt sich hinein in die ländlich-pastorale Idylle, in der Landarbeiter das Feld sichelten, ihre Suppe aus hölzernen Schalen löffelten und es Milch und Honig in Hülle und Fülle zu geben schien. Bruegel muss ein Freund des Theaters gewesen sein. Seine Gewuselszenen wirken, als würde die Menge dem Bild entsteigen, um weiter im Hier und Jetzt zu feiern. Feste und Rituale lassen die stets wiederkehrende Mühsal vergessen.

Ein idealer Ausgangspunkt, um in bruegelsche Stimmung zu kommen, ist Sint-Anna-Pede mit der Dorfkirche, die in verschiedenen Arbeiten des Malers zu erkennen ist. Gleich drei wetterbeständige großformatige Reproduktionen sind im Kirchdorf an Ort und Stelle aufgestellt: die »Bauernhochzeit«, das »Gleichnis von den Blinden« und der »Hochzeitszug«. Der Pedebach und die Dorfkirche sehen scheinbar noch so aus, wie sie der Maler dargestellt hat. Gegenüber dem Dorfcafé »Sint-Anna« befindet sich das Estaminet (altes Kaffeehaus) »De Ster«, es gehört zu den Häusern, wie man sie oft auf Bruegels Werken vom Landleben findet. Der Wirt schwört, dass Bruegel bei einem seiner Vorgänger in diesem Haus eingekehrt ist. Weitere Bruegel-Schauplätze heißen Itterbeek, Sint-Martens-Bodegem und Schepdaal mit »De Rare Vos«. Dieses Wirtshaus ist bekannt für sein *geuzebier*, ein Bettlerbier, das etwas säuerlich schmeckt und Produkt einer Spontangärung ist, wie sie nur den Brabanter Braumeistern gelingt. Dazu gibt es Bauernbrot mit *pottekeis*, dem intensiv riechenden Brüsseler Weichkäse, in den Dörfern dieser Region, die in ihrem Inneren, so scheint es, ohnehin durch Kneipen und Cafés zusammengehalten wird. Ende des 19. Jahrhunderts hatte jedes Dorf seine eigene Brauerei, und während der Belle Epoque kam in Flandern auf vierunddreißig Einwohner ein Café. Seitdem ist die Zahl rückläufig, dafür aber ist die der Restaurants sprunghaft angewachsen, ein untrügliches Zeichen für Wohlstand und Lebensart. In der verschlafenen Idylle von Sint-Getrudis-Pede findet man noch die einzige funktionstüchtige Wassermühle, die auf mehreren Bruegel-Bildern verewigt ist, etwa auf der »Landschaft mit der Elster auf dem Galgen«. Da man schon mal hier ist, sollte man das trutzige Schloss Gaasbeek mit Rittersaal und dem Raum, in dem eine Kopie von Pieter Bruegels »Turmbau zu Babel« hängt, besichtigen. Rund um den Hang, unterhalb des Schlosses, erstreckt sich ein alter Weingarten, mit Chardonnayreben neu bepflanzt.

Pieter Bruegels Bilder waren für die Patrizier und Kardinäle bestimmt, und die wollten schon damals das Landleben geschönt haben. Und so idealisierte Bruegel munter darauf los. Vor Gebirgsketten, Bergen oder Küsten – Eindrücke seiner Italienreise – malte er ein verklärtes flämisch-brabantisches Bauernland und ließ vor dem Hintergrund italienischer Renaissancegärten sein bäuerliches Arkadien entstehen. Van Mander berichtete, Bruegel habe »auf seinen Reisen ... viel nach der Natur gearbeitet, sodass von ihm gesagt wird, er habe, als er in den Alpen war, alle Berge und Felsen verschluckt und, nach Hause zurückgekehrt, auf Leinwänden und Tafeln wieder ausgespien«.

»Sire, il n'y a pas de Belges«

Der belgische Meisterdetektiv Hercule Poirot ist eine Phanta-
siegestalt von Agatha Christie. Georges Simenon siedelte seinen Kommissar Maigret in Paris an, der Chansonnier Jacques
Brel sang seine Balladen vor allem auf Französisch und der
Brüsseler Zeichner Hergé, der den pfiffigen Reporter Tim mit
dem Gemüt eines Pfadfinders erfand, ist im Nachbarland
Frankreich eine Kultfigur, wo ihm anlässlich seines 100.
Geburtstags (2007) eine ungewöhnliche Ehre zuteil wurde,
indem man seinem Lebenswerk im Pariser Centre Pompidou
eine Jubiläumsausstellung widmete. Sie alle sind wohl deshalb
so populär, weil sie ausnahmslos als Franzosen gesehen werden.

»Sire, il n'y a pas de Belges« – es gibt keine Belgier. Dies
schrieb der Sozialist Jules Destrée 1912 an König Albert I. Ein
vielsagender Satz. Die letzten Belgier, so ein gängiger Witz,
seien bereits von Julius Cäsar vertrieben worden. Um was
aber handelt es sich bei diesem Land, wenn es angeblich keine
Belgier und keine belgische Sprache gibt und sich der Großteil der Bewohner höchstens im Ausland als Belgier outet,
weil man nicht mit Franzosen oder Holländern verwechselt

werden will? Nun, die Wahrheit lautet: Die belgischen Patrioten sind nicht ausgestorben. Nach einer repräsentativen Umfrage, durchgeführt 2007 von den zwei überregionalen Tageszeitungen, dem flämischen *De Standaard* und französischsprachigen *Le Soir*, sieht das Bild nuancierter aus: Sechs von zehn Wallonen, der Französisch sprechenden Bevölkerung, bezeichnen sich als Belgier; Flamen und Brüsseler sind nicht ganz so überzeugte Belgier, hier sind es nur rund vierzig Prozent. Und die regionale Identität? Nur ein Drittel sind überzeugte Flamen, von den Bewohnern der Hauptstadt empfindet sich jeder Vierte als Brüsseler, und unter den Wallonen ist nur jeder Zehnte ein überzeugter Wallone. Dafür lebt das europäische Gefühl wiederum stärker unter Wallonen und Brüsselern: Dort geht ein Drittel als überzeugte Europäer durchs Leben, bei den Flamen ist es nur einer von fünf.

Die Grenze zwischen den Volksgruppen verläuft entlang der Heerstraße, die die Römer zwischen Köln und Brüssel angelegt hatten – südlicher als die Sprachgrenze, die den niederländisch- vom französischsprachigen Landesteil trennt.

Der Name des modernen Flanderns ist eine freundliche Reminiszenz an die Vergangenheit, als die historische Grafschaft Flandern zu Burgund gehörte. Auf der Bühne Kronflanderns wurde die höfische Kultur für ganz Europa in Brügge und Brüssel vorgeführt. Hier arbeiteten die besten Künstler und geschicktesten Gobelinweber, hier wurde zum ersten Mal in Europa von Mode gesprochen, und hier fertigte man den ersten Diamantring, für Maria von Burgund, nachdem Lodewijck van Bercken den Diamantenschliff in Brügge erfunden hatte. In der buntbewegten, von Schlachtenlärm und diplomatischen Intrigen durchzogenen Ereignisgeschichte war eine wirtschaftlich prosperierende Stadtlandschaft entstanden, die Patriziern und Kaufleuten ein hohes Selbstwertgefühl gab und eine kulturelle Identität. Ihre Kathedralen, fein aufgerichtet in Brabanter- oder Scheldegotik, reichten mit ihren Turmspitzen bis an die Wolken.

Die Bezeichnung »Vlaming«, also Flame, für alle im heutigen Flandern lebenden Bewohner, geht auf den historischen Roman »Der Löwe von Flandern« von Hendrik Conscience zurück, der am 31. Dezember 1838 erschien: Dieses Buch über den Aufstand der Flamen gegen die Franzosen im 13. Jahrhundert gilt als Beginn der flämischen Bewegung, aus der sich mit der Brüsseler Revolution und durch die Staatsgründung 1830 nach und nach ein flämisches Nationalbewusstsein entwickelte. Es sagt viel über die Lebenshaltung der Menschen aus, dass ausgerechnet der rebellische Schalknarr Till Eulenspiegel flämischer Nationalheld ist. »Oben sitzen die diebischen Hornissen und unten die fleißigen Bienen«: Nach diesem Eulenspiegelmotto haben sie ihr Leben eingerichtet. Sie werden stets eine intuitive sentimentale, ja womöglich atavistische Beziehung zu Bruegel, Eulenspiegel oder Ensor, mit denen sie aufgewachsen sind, haben.

Wenn jemand über Flandern urteilen kann, dann ist das Gérard Mortier. Der in Gent geborene Flame leitete erfolgreich die Brüsseler Muntschouwburg, die belgische Staatsoper, als Karajan-Nachfolger die Salzburger Festspiele, die RuhrTriennale und die Opéra nationale de Paris. Er fasst die aktuelle Lage in einem Satz zusammen: »Flandern ist die reichste Region Europas, und es geht uns gut.« Mortier erklärte auch, warum seine Landsleute so fröhliche Weltbürger sind: »Flamen sind Bastarde. Ich habe etwas spanisches und ein anderer etwas französisches Blut. Wir sind alle eine Mischung aus allem Möglichen. Darum sind wir auch so erfinderisch, sind international orientiert, suchen das Neue, und darum haben wir die besten Restaurants. Wir sind noch immer das Land von Bruegel. Aber es wird Zeit, unsere Mahlzeiten mit anderen zu teilen.«

Flandern, der wohlhabendste und dynamischste Landesteil, lockt mit den besten Köchen, mit einer kreativen Theater-, Kunst- und Literaturszene und dem Motto: Jeder soll hier leben, wie er will. Aber Flandern ist ein Patchworkgebilde, nicht nur historisch, sondern auch sprachlich. Die Wunden der Vergangenheit, als Französisch die Sprache der Bourgeoisie und des Klerus war, während man allenfalls mit dem Personal Flämisch redete, sind noch nicht verheilt. Dem Besucher, der sich in den Verschlingungen und Verflechtungen der belgischen Staatskunst nicht auskennt, bleibt das Verhältnis zwischen den Flamen und den Wallonen unklar. Die Unterdrückung ihrer Sprache und Dialekte kompensierten die Flamen mit Geschäftssinn. Der Prozess verlief so erfolgreich, dass ihre Region heute als eine Art Kalifornien Europas dasteht. Sie zögerten auch nicht, ihre Kunst- und Kulturstädte für den Tourismus zu erschließen.

Die neun Kugeln des Brüsseler Atomiums symbolisierten die neun Provinzen des Landes, die es 1958 gab, als das Wahrzeichen für die Weltausstellung erbaut wurde. Ein halbes Jahrhundert später ist das unitäre Belgien von 1830 zu einem föderalen Staat transformiert mit drei Gemeinschaften (die flämische, die französisch- und deutschsprachige) und drei Regionen (Flandern, Wallonien, Brüssel). Das Land ist bunt gemischt − geografisch, kulturell, vor allem aber sprachlich. Das dem Niederländischen verwandte Flämisch, Französisch und Deutsch sind die offiziellen Landessprachen. Belgien ist heute ein dezentraler Staat, und die Macht liegt in den Regionen. Das Land ist durchzogen von drei Gräben: dem zwischen Liberalen und Katholiken, dem sprachlichen (es ist auch vom communautairen Streit die Rede) und dem sozial-wirtschaftlichen.

Und um es noch komplizierter zu machen: Alles ist zweigeteilt und, zählt man die deutschsprachigen Ostkantone hinzu, in manchen Bereichen sogar dreiteilig: Ob Polizei, Parteien, Medien oder Politik − es gibt sie sowohl im wallonischen als auch im flämischen Teil. Auch Vereine, bis hin zu den Taubenzüchtern und Fußballklubs, sind nach Volksgruppen gespalten. Auch die älteste Universität des Landes, Löwen, an der seit ihrer Gründung die katholische Elite des Landes ausgebildet wurde, ist in eine flämisch- und eine französischsprachige Uni geteilt. Es gibt flämische Kulturzentren in Osaka, New York, Mailand und Amsterdam; flämische Kulturattachés, einen flämischen Minister des Auswärtigen, flämische Wirtschaftsförderer und flämische Touristenbüros. Auch die Wallonen haben entsprechende Einrichtungen. Bei den föderalen Wahlen kann ein Wallone nicht auf einen flämischen Kandidaten stimmen und umgekehrt. Die föderalen Parteien für die Regierung können nur im eigenen Landesteil gewählt werden. Daher hat es auch keinen Sinn, dass Parteien in der jeweils anderen Region für ihre Kandidaten werben. Und weil die Wallonen lediglich vierzig Prozent der Wähler stellen, also zahlenmäßig im Nachteil sind, ist seit 1972 ein Flame Ministerpräsident des Landes. Flandern hat 88 der 150 Sitze im Parlament; für eine Änderung des Grundgesetzes, etwa die Unabhängigkeit Flanderns, ist eine Zweidrittel-Mehrheit notwendig, und das ist nicht im Interesse der Wallonen.

Es gibt einflussreiche Kreise, die für ein eigenes souveränes Flandern eintreten, etwa der »Warande-Kreis«. Ihm gehören Bankiers, Unternehmer und politische Kommentatoren an, die sich für ein unabhängiges Flandern engagieren. »Das Netz der sozialen Sicherheit darf keine Hängematte sein, in der die Wallonen sich weiterhin räkeln«, kritisierte die exklusive Herrengesellschaft. Der Fraktionssprecher der frankophonen Sozialisten giftete zurück: »Wir Wallonen sind stolz darauf, Nachbarn von Frankreich zu sein.« Die Antwort: »Sie wollen nach Frankreich? Dann gehen Sie doch«, konterten die liberalen und nationalistischen Parteien Flanderns. Und so kam es zur Gründung der »frankophonen Front«. »Belgiens Spaltung kein Tabu mehr?«, titelte erschrocken das deutschsprachige *Grenz-Echo*. Dem Diskurs über eine mögliche Abspaltung können sich auch die Gute-Laune-Politiker nicht entziehen.

Ein Vorkämpfer für die Auflösung des Staates und ein unabhängiges Flandern ist die rechtsnationale Partei Vlaams Belang. Noch steht der »Cordon sanitaire« sozusagen. 1992 haben sich alle politischen Parteien verpflichtet, kein Bündnis mit der derzeit erfolgreichsten rechtsradikalen Partei Europas einzugehen. Sie ist im belgischen Parlament vertreten, kann Mitglieder in den belgischen Senat schicken und sitzt im Europaparlament. Bedingt durch die Erfolge des Vlaams Belang ist eine Diskussion über die Wahlpflicht in Gang gekommen. Wer nicht wählt, muss mit einem Bußgeld rechnen. Meinungsumfragen zufolge würden etwa drei von zehn Wahlberechtigten nicht mehr zur Urne gehen, wenn sie nicht müssten.

Pläne für eine Teilung des Landes haben alle Parteien in den Schubladen liegen. Brüssel würde nach dem Vorbild von Washington D.C. umgewandelt. Mit eigenem Statut, einem direkt gewählten Bürgermeister und einem Hohen Rat, der sich aus Vertretern aus Flandern, Wallonien sowie der EU zusammensetzt. Inzwischen kriselt es auch im Rotary-Club, jenem internationalen Freundeskreis von Honoratioren. Weil die Zweisprachigkeit auch unter ihnen nicht mehr gelebt wird, ist von Spaltung die Rede. Außerdem sind führende Rotarier überzeugt, das Land werde doch eh auseinanderbrechen. Eine ähnliche Tendenz auch beim Roten Kreuz.

Der Sprachenkonflikt zieht sich wie ein roter Faden durch die moderne Geschichte des Landes. Gibt es noch mehr, das die Menschen auseinandertreibt? Nicht, wie etwa in Nordirland, die Religion, sondern die unterschiedliche Mentalität und dass die Flamen nicht mehr zur »finanziellen Solidarität« mit den Wallonen bereit sein wollen. Mit ihrer mittelständischen Wirtschaft bringen die Flamen inzwischen mehr als sechzig Prozent des Sozialprodukts hervor, die Wallonen ein Viertel. Der Rest wird in Brüssel erarbeitet. Bislang ist das Sozialsystem gesamtstaatlich und soziale Sicherheit gilt für dreiundachtzig Prozent der Bevölkerung als »Klammer für den Zusammenhalt des Landes«.

Aber weder im Süden noch im Norden gibt es eine Mehrheit unter der Bevölkerung für eine Trennung des Landes, das geht aus der erwähnten Umfrage hervor. Damit bestätigen sie die Überzeugung von König Albert II., der seit Jahren daran glaubt, dass eine Mehrheit »die Einheit des Landes will«. Klar, davon hängt ja auch sein Job ab. Erst nach 2035 wird mit einer Abspaltung gerechnet. Vielleicht gibt es dann weder ein Spanien noch ein Deutschland, sondern nur den Einheitsstaat Europa.

»Flandern hat einseitig seine Unabhängigkeit erklärt, der König ist in die kongolesische Hauptstadt Kinshasa geflohen, und auf dem Grote Markt von Antwerpen feiern Tausende ihren neuen Staat.« Zahlreiche ausländische Botschaften meldeten diese »Sensationsnachricht« ihren Hauptstädten, und Belgiens französischsprachiger Staatssender RTBF registrierte eine Flut von Anrufen und zwanzigtausend SMS eines in Panik geratenen Publikums, nachdem er »Bye Bye Belgium« ausgestrahlt hatte. Der fiktive Sonderbericht im Programm »Tout ça ne nous rendra pas la Belgique« am 13. Dezember 2006 war sehr ernst genommen worden. Doch alle Aufregung war umsonst: Alle waren auf eine RTBF-Inszenierung hereingefallen. Um sich ein Bild von der Aufregung zu machen, muss man sich vorstellen, was in Deutschland passiert wäre, wenn ARD oder ZDF berichtet hätten, die Mauer zur ehemaligen DDR würde wieder aufgebaut. Die frankophilen TV-Provokateure hatten sich mit ihrem Szenario auf die Spuren von Orson Welles begeben, der 1938 mit seinem »Krieg der Welten« in Amerika ebenfalls für einen Riesenwirbel gesorgt hatte. Der Fernsehbeitrag war durchaus realistisch gemacht. Die seit Jahrzehnten auf Eigenständigkeit pochenden politischen Hardliner, die wallonischen Rattachisten und die flämischen Flamiganten, gaben in der »Sondersendung« Statements ab. Vor dem Königsschloss standen Reporter und fingen »Stimmungsbilder« ein.

Wallonische Politiker zeigten sich erschrocken darüber, dass viele Wallonen die Nonsens-Sendung als Realität betrachteten. Die Flamen reagierten anfangs gelassener. Ihr Land war von der EU zu den innovativsten Regionen Europas gezählt worden, ihre flämische Tageszeitung *De Morgen* von 287 Zeitungen aus sechsundzwanzig Ländern zur innovativsten überregionalen Tageszeitung Europas gekürt worden – Begründung: »Ein variatives Layout, das eine positive, jugendliche und zukunftsorientierte Grundstimmung vermittelt.« Und schließlich hatten dreieinhalbtausend Musikmanager, Promotoren und Agenturen zum dritten Mal »Rock Werchter« zum weltweit besten und innovativsten Pop-Festival gewählt. Da bringt einen so schnell kein »Bye Bye Belgium« aus dem Lot. Aber die Schockwellen des RTBF-Berichtes wirkten nach und haben dazu geführt, dass künftig im Fernsehen mehr über die anderen Landesteile berichtet wird, und die führenden Tageszeitungen, *De Standaard* und *Le Soir*, haben ein journalistisches Projekt gestartet, das helfen soll, Missverständnisse zwischen Flamen und Wallonen aus der Welt zu schaffen: Sie berichten mehr von der jeweils anderen Sprachregion, um Klischees und Karikaturen abzubauen. »Historisch« nannte es König Albert II., »dass zwei Zeitungen aus verschiedenen Landesteilen intensiv zusammenarbeiten«, und bat die Chefredakteure zur Audienz ins Schloss.

Mit der Staatsgründung von 1830 war das Königreich de facto eine französischsprachige Nation geworden, und viel Flämisches wurde aus Brüssel vertrieben. In ihrem Kampf gegen die französische Vorherrschaft haben die Flamen stets auf die Hilfe der Holländer gehofft. Allerdings vergeblich.

Im Gegensatz zum Bildkünstlerischen entwickelte sich während dieser Epoche keine nennenswerte flämische Literatur. Der 1812 geborene Hendrik Conscience schrieb den historischen Roman »Der Löwe von Flandern« auf Französisch. Ebenso verfuhr Charles de Coster mit seiner »Legende von Uilenspiegel«. Auf Französisch erschien auch »Bruges-la-Morte« von Georges Rodenbach, der mit diesem Buch das »tote Brügge« wieder in Erinnerung brachte. Es war ein Brügger, der Priester Guido Gezelle, der mit seinen Dichtungen die

Rehabilitierung des Flämischen einleitete und es als Schrift- und Literatursprache in der zweiten Hälfte des 19. Jahrhunderts salonfähig gemacht hat. Flämische Schriftsteller von Bedeutung sind etwa Louis Paul Boon (1912–1979), der Dichter Paul van Ostaijen (1896–1928), Monika van Paemel (geb. 1945), Kristien Hemmerechts (geb. 1955) oder Willem Elsschot (1882–1960), der zu Antwerpen gehört wie Franz Kafka zu Prag, Fernando Pessoa zu Lissabon oder James Joyce zu Dublin und dessen Bestseller »Käse« auch in Deutschland ein großer Erfolg ist. Der wohl bekannteste Autor ist Hugo Claus (geb. 1929), der in seinem Bestseller »Der Kummer von Flandern« die Probleme des Landes beschreibt: die Kollaboration im Zweiten Weltkrieg, die Männer, die an der Ostfront gegen den Kommunismus kämpften, und den Kampf gegen die frankophone Vorherrschaft während der Nachkriegszeit.

In der Regel gehen Flamen und Wallonen freundlich miteinander um, ohne sich sonderlich füreinander zu interessieren. Derlei nennt man ein gutnachbarschaftliches Verhältnis. Nur in mühevoller Aufklärungsarbeit kann man dieser Entfremdung entgegenarbeiten. Während für Wallonen ihre Region an der Sprachgrenze endet, auch wenn sie jenseits der Grenze womöglich Arbeit fänden, haben sich Flamen zu Tausenden in der Wallonie eine Existenz aufgebaut. Andererseits kommen französische Gastarbeiter in großer Zahl. Allein in die Region Kortrijk pendeln täglich etwa zwanzigtausend Nordfranzosen zur Arbeit und werden dafür mit einem Steuerrabatt von bis zu fünfzehn Prozent belohnt.

Flandern ist ein Reservat der Langsamkeit und der Betulichkeit, aber wie wunderbar ist seine Sprache. Wenn Flamen sich des Niederländischen bedienen, klingt es melodischer, geradezu saftig, blumig und steckt voller Ironie. Flämisch muss, so behaupten meine Bekannten, daher die Sprache gewesen sein, die im Paradies gesprochen wurde, denn sie ist eine »Sprache mit Seele«. Während der Renaissance wollte der Mathematiker und Linguist Simon Stevin sogar beweisen, dass diese Sprache das Ur-Idiom der ersten Menschen, Adam und Eva, gewesen sei. Diese Theorie setzte sich allerdings nicht durch.

Abgesehen von den Unterschieden zwischen dem flämischen und holländischen Niederländisch wird man in den Regionen und Städten zahlreiche Dialekte hören. Die Bewohner aus dem Pajottenland klingen völlig anders als jene aus dem Maasland, Gent und Brügge sind sich sprachlich spinnefeind, und die Akzentkluft zwischen Westflamen und Antwerpenern scheint unüberbrückbar. Die stolze Hafenstadt stand schon immer mit dem Rücken zum Rest des Landes, um einen freien Blick auf die Welt zu haben.

In der Popmusik sind Regiolekte ungeheuer populär. Man muss nur das Radio anschalten, und der Dialektpop fliegt dem Hörer um die Ohren. Junge Künstler, die vor einigen Jahren noch Englisch gesungen haben, singen heute Texte in ihrem Dorf-Dialekt, und das Publikum ist begeistert. Mundartsänger Flip Kowlier erklärt: »Ich genieße es und finde es angenehm, wenn ich in meiner eigenen Sprache singen kann.« Für einen Chauvinisten hält er sich ebenso wenig wie die Sängerin Mira Bertels, die auf Antwerpenerisch singt. Bertels hat eine Mission: Sie will mit dem stadteigenen Dialekt das Image der Stadt korrigieren, die manchen Flamen zu arrogant ist. Übrigens werden Diskussionen oder Filme, die im flämischen Milieu spielen, im Fernsehen in Niederländisch untertitelt.

Die Flamen mussten, ähnlich wie die Katalanen, Bretonen oder Basken, um ihre Sprache kämpfen. Zur allgemeinen Förderung des Niederländischen und somit auch des Flämischen wurde 1980 ein Sprachverbund, die »Taalunie«, gegründet. Während die Holländer der neuen Institution anfangs gleichgültig gegenüberstanden, begrüßten die Flamen den Zusammenschluss. Aufgabe der Taalunie ist es, das von zweiundzwanzig Millionen Muttersprachlern gesprochene Niederländisch international zu schützen, zu verbessern und zu verbreiten – auch in den Nachbarländern. Allein an der Universität Münster gibt es seit Jahren mehr Niederländischstudenten als Germanistikstudenten an allen holländischen Universitäten zusammen.

Es war im Sommer 1981, als ich Flandern zum ersten Mal besuchte. Ich wusste von den Künstlern, den guten Restaurants, und ich hatte ein Ziel: die Stadt Lier, berühmt für ihren Zimmerturm mit der astronomischen Uhr, und die hochgotische Kirche, deren Glasfenster mit Motiven seiner Familie Kaiser Maximilian gestiftet hatte. Aber darum ging es mir nicht. Hier hatte Felix Timmermans, der Schriftsteller, der um 1935 den flämischen Lebenskünstler Pallieter erfunden hatte und mit ihm Bruegels Bilderwelt nacherzählte, gelebt. Pallieter, der, wie man hier sagt, »den dag melkt«, der Tagmelker also, war der Prototyp des schlemmenden und immer fröhlichen Flamen. Oder, um es mit Hermann Hesse zu sagen: »Pallieter ist flämisch gesund wie die klassische Malerei dieses reichen Landes.« Heute tragen Frittenbuden, Cafés, Geschäfte oder Menüs den Namen »Pallieter«.

Mit Felix Timmermans Sohn Gommar, Kinderbuchillustrator, bin ich durch das ausgeschilderte Pallieterland gewandert. Als ich ihn auf den Kommerzrummel um Pallieter ansprach, erwiderte er: »Ja, die Flamen haben ein gesundes Verhältnis zu Soll und Haben.« Wir spazierten durch die grüne Landschaft, besuchten Wirtshäuser, in denen Bauern Klaverjas spielten (ein flämisches Kartenspiel), und kehrten in das Wohnzimmerrestaurant »Jeanette« ein, wo es lediglich *Paling in het groen* (Aal mit grüner Soße) gab. Anhand dieses Gerichts habe ich gelernt, wie regionales Essen entsteht: Hinter dem Haus ist ein Garten, und am Ende des Gartens fließt ein Bach. Jeannette holte den Aal aus einem Korb und rupfte auf dem Weg zurück ins Haus verschiedene grüne Kräuter ab. Alles wanderte zusammen in den Topf, und fertig war kurz darauf die köstliche Lieblingsspeise vieler Flamen, inzwischen auch als raffiniert zubereiteter Leckerbissen in Gourmetlokalen auf der Karte.

Damals auf dem Spazierweg mit Gommar habe ich manches über flämische Lebensfreude erfahren. So verriet er mir, dass »gutes Essen das Schmiermittel für Freundschaften ist, und danach leben wir«. Meine Beobachtung, dass die besten Restaurants schwer zu finden seien, weil sie versteckt im Land liegen, aber dennoch rappelvoll sind, kommentierte er: »Wir zeigen nicht gerne, dass es uns so gut geht.« An dieser Einstellung hat sich seitdem wenig geändert. Auffallend auch, dass graue Stoffbahnen hinter den Fenstern hingen. Mein Begleiter erklärte, dass sich das Leben seiner Landsleute im Verborgenen abspiele und das habe mit der Geschichte zu tun, denn wie alle besetzten Länder habe man den Wunsch, »unsichtbar« zu bleiben. Vorhänge gehören zur Wohnkultur wie Fritten zum Essen.

Ach, mit den Flamen ist es ja so: Entweder man ist ihr bester Freund, oder man existiert nicht. Es macht ihnen viel Spaß, Fremden eine Karikatur ihres Landes vorzugaukeln. Ein Volk von Schauspielern und Gauklern, die gerne aus allem ihren Vorteil holen wollen. Sie sagen Ja und meinen Nein, und sie pflegen ihre sozialen Rituale. Eine weitere Eigenschaft, die an ihnen auffällt, sind ihre angenehmen Umgangsformen, etwa die Höflichkeitsfloskeln beim Kaufmann oder die schöne Kultur des »Türaufhaltens«. Außerdem gehen sie Konfrontationen möglichst aus dem Wege. Sie sind nicht so chauvinistisch wie Franzosen, nicht so besserwisserisch wie Deutsche, nicht so selbstgefällig wie Holländer – alles ihre Nachbarn –, und sie sind dem Leben zugeneigt. Dabei können sie sowohl aus einer großen Tradition als auch aus einer erfolgreichen Gegenwart schöpfen. Ihre scheinbar genetisch bedingte künstlerische Ader erkennt man auch daran, wie andächtig der Metzger hundert Gramm Ardenner Schinken Scheibe für Scheibe aufschneidet und kunstfertig einpackt.

Pralinen, Comics, Bier, der Fanatismus, mit dem sie Radrennsport betreiben, und ihre Voreingenommenheit gegenüber Franzosen und Niederländern zählen zu den wenigen

Gemeinsamkeiten, die Flamen und Wallonen miteinander verbinden. Wenn ein Flame die Niederlande besucht, kehrt er meist zufrieden wieder heim. Nach dieser Visite weiß er wieder: Die Menschen dort haben es im Leben schlechter getroffen. Beide Völker, die einst als die »Niederen Lande« im Circuli Burgundici, dem Burgundischen Kreis, eine Einheit bildeten, dann einen Bruderkrieg führten und sich trennten, haben eine schwierige Beziehung und machen sich heute gerne übereinander lustig. »Weißt du, wie Flamen eine Champagnerfabrik einweihen? Sie lassen ein Schiff dagegenfahren.« Die Flamen spotten zurück: »Warum soll man calvinistischen Holländern am Samstag keine Witze erzählen?« Antwort: »Weil sie sonst am Sonntag in der Kirche lachen müssen.«

Beim Verhältnis zu den Holländern geht es um mehr als lediglich atmosphärische Störungen. Aus flämischer Sicht meinen Holländer, auf alles ein Recht zu haben, sie gelten als hochmütig und unbeherrscht und glauben, dass der Rest der Welt sie großzügig und tolerant findet. Besonders demütigend finden Flamen, dass Holländer ihr gesprochenes Niederländisch mit der speziellen flämischen Melodie – was doch den Charme ihrer Sprache ausmacht – nicht akzeptieren. Flämisch ist für sie ein ulkiges Niederländisch, das sie nicht verstehen oder auch nicht verstehen wollen. Und so ärgert es die Flamen, wenn sie von Holländern in Englisch angesprochen werden, was diese übrigens gerne tun.

Ihre Mäkeleien an den bedächtigen Flamen hindert den selbstzufriedenen Nachbarn nicht, dank bilateraler Verträge ihre Kinder in Flandern auf Schulen oder Universitäten zu schicken, sich in ihren Krankenhäusern behandeln zu lassen, in Flandern zu bauen und zu wohnen, um dort als Fürsten zu leben. Denn Flandern ist für sie das schönere Land. Die konfliktscheuen Flamen fühlen sich jedoch von den nassforschen Nachbarn überrollt. Häufig höre ich den Satz: »Wie viele Holländer verträgt unsere Land?« Für einen Flamen, so Rik

Vanwalleghem in seinem Buch »België Absurdistan«, sind »die Niederlande bestenfalls ein Ort zum Sterben«.

Die Vorzüge des südlichen Nachbarn kommentierend, meinte das einflussreiche *NRC Handelsblad*, man solle sich ein Vorbild an der Höflichkeit und Freundlichkeit der Bewohner Flanderns nehmen, wo der Kunde in Geschäften, Restaurants oder Cafés zuvorkommender behandelt werde als im unhöflichen Holland. Die umgängliche Lebensart der Flamen, so die Zeitung, habe ihre Wurzeln in der Schule, an der noch »richtig« unterrichtet und Bildung vermittelt werde. Auch die Schuluniformen hätten hier eine positive Auswirkung. Flandern gibt mehr Geld für sein Unterrichtssystem aus als die Niederlande. Die flämischen Schulen und Universitäten gelten bei Holländern als effektiver und üben eine große Anziehungskraft auf sie aus. Das trifft auch für das Gesundheitssystem zu. In Flandern steht dieses noch im Dienste der Patienten und macht der Hausarzt noch Hausbesuche, auch sonntags: »Flandern hält den Niederlanden einen Spiegel vor.«

Der französische Journalist Claude Moniquet erklärt allerdings, dass das Land die Nachteile starker und schwacher Staaten in sich vereine. Einem Heer allmächtiger Bürokraten stehe eine Gesellschaft gegenüber, in der jeder jeden kenne. Die Folge seien öffentliche und private Korruption, Vetternwirtschaft, Schlendrian, Ohnmacht der Justiz und fehlende Raumplanung. Kein Mensch beachte Baugenehmigungen, und im Steuerbetrug seien sie Meister. Andererseits ist ein Flame ein zuverlässiger Kunde, der seinem Bäcker, Schlachter oder Klempner treu bleibt. Warum soll man, was sich bewährt hat, ändern? Als Konsument achtet er zuerst auf Qualität, dann noch einmal auf Qualität, und erst dann spielt der Preis eine Rolle. Seine Markentreue hat auch mit seiner Risikoscheu zu tun, denn nur ungern geht er ein Wagnis ein. Das geht so weit, dass es in einem Großteil aller Wohnungen nur Lichtschalter der Marke »Niko« gibt. Die haben sich als gut erwiesen. Wieso sollte man dann die Marke wechseln? Haben

Sie vielleicht eine Ahnung, welche Firma die Schalter herstellt, mit denen Sie Ihr Licht anknipsen?

Hat der Wohlstand, das zuverlässige Gesundheits- und das gelobte Bildungssystem die Flamen auch glücklicher gemacht? Sie jedenfalls glauben es. Glücksbringer, die man nicht mit Geld kaufen kann und die Schutz und Geborgenheit bieten, sind für sie das reiche soziale Leben und die engen Beziehungen zu Familie, Freunden und Bekannten. Flamen sitzen lieber zusammen, als allein vor dem Fernseher mit all seinen Kunstfiguren zu hocken. Das gehört zu ihren Ritualen, denn ohne ihre Riten wären sie eine blutleere Gesellschaft. Das trifft zwar auf andere Gesellschaften auch zu, aber bei den Flamen ist es besonders ausgeprägt: Die Pflege ihrer Riten, etwa das gemeinsame Essen, die Teilnahme am Vereinsleben oder die regelmäßigen Besuche bei den Eltern sind Zeichen der Vertrautheit, der Verlässlichkeit und der Nähe. Auch bei den Flamen hat sich die Jugend in den Achtzigerjahren aus einem erstickend ritualisierten Leben befreit, aber aus der Mode waren Rituale nie. Wie in Italien definiert sich das flämische Gemeinwohl in einer überschaubaren Hierarchie: Erst kommt die Familie, dann die Straße, dann das Dorf und schließlich die Region. Loyalität zu diesen Gruppen ist das Schmiermittel einer Gesellschaft, in der Senioren »Medioren« (gemeint sind die über 55-Jährigen) genannt werden. Das Übertreten von Vorschriften und Gesetzen gilt als sportliches Kavaliersdelikt, und Nationalpatriotismus ist eine fremde Vokabel. Und die Politiker? Die wissen natürlich um den Eulenspiegel im Herzen ihrer Wähler, und mit traumwandlerischer Sicherheit verpacken sie Programme und Ziele in nette Worthülsen und sinnfreie Sätze. Wenn sie dann nicht mehr weiterwissen, wartet schon der nächste Termin.

Ihr Staat, das waren einst die Kirche, der Adel und die Bourgeoisie – und die sprachen allesamt Französisch, die Sprache der Unterdrücker. Von ihnen hatte man nie etwas Gutes zu erwarten. Das Verhältnis vieler Flamen zu ihrem

Staat ist seither von Vorsicht und Skepsis durchzogen. Dieses Denken ist tief verwurzelt, denn oftmals in ihrer Geschichte mussten sie sich gegen Fremdherrschaft verteidigen und behaupten. Weil sich die Trinität der Obrigkeit als wenig positiv ins kollektive Gedächtnis eingeprägt hat, hat sich das Bürgertum als wirkungsvolle Gegenmacht entwickelt. Die Beziehungen zwischen Volk und Elite war nicht von Rechten und Pflichten geprägt, sondern von Vergünstigungen und Unterwerfung. Der Journalist Vanwalleghem vermutet daher, dass seine Mitmenschen ein Chromosomenpaar zu viel haben. Den vierundzwanzigsten Erbgut-Baustein beschreibt er als »foefelare-Gen«, was so viel bedeutet wie Trickserei, Schwindeln oder Schummeln und zu den erworbenen Grundrechten eines jeden Flamen gerechnet wird.

Ausgetrickst wird in erster Linie der Staat. Geschummelt wird auch mit Baugenehmigungen, bei den Steuern, aber auch in der Gastronomie. Dabei fühlt er sich im Recht, weil er die höchsten Steuersätze Europas hat.

»Wir können doch in unserer Freizeit nicht nur angeln, am Billardtisch stehen oder im Café sitzen«, war und ist ein oft gehörter Spruch städtischer Angestellter, die einem Nebenjob nachgehen. Vor allem bei Feuerwehr oder Polizei sind gut bezahlte Nebentätigkeiten begehrt. Da arbeitet man als Taxifahrer, Kellner, Wächter, als Sargträger bei Beerdigungen, als Maler, Nachtclubportier oder Möbelpacker. Zaghafte Versuche, Schwarzarbeit zu unterbinden, scheiterten bisher an der Kreativität der Angestellten. So etwa der Fall eines Kontrolleurs für das Gesundheitswesen in Antwerpen, der öffentlich Bedienstete krankschrieb, damit sie seine Wohnung renovieren konnten. Gegenmaßnahmen will oder kann der zuständige Staatssekretär nicht ergreifen: »Ein flämischer Beamter, der neben seinem Beruf eine andere Tätigkeit ausübt, muss diese nicht anmelden und um Zustimmung fragen. Das ist organisatorisch unmöglich.« Auch der sogenannte *dienstbetoon*, der »Kundendienst« der Parteien für ihre Wähler, gehört in diese Kategorie. Wer einen neuen Job will, Ärger mit Behörden hat oder eine Baugenehmigung benötigt, wendet sich an seinen zuständigen Politiker, in der Hoffnung, dass dieser für ihn, seinen Wähler, die Angelegenheit schon richten werde.

Alles muss nett verpackt sein. Nicht nur Pralinen oder das eigene Heim präsentieren sich gefällig, auch Zeitungen überraschen optisch, Nachrichten werden nicht als Kantinenessen serviert, sondern wie ein Menü à la carte. Eine Tageszeitung, so der Chefredakteur Yves Desmet vom flämischen *De Morgen*, muss täglich anders aussehen. Mit typografischen und gestalterischen Mitteln, etwa mit Pastelltönen unterlegte Textflächen, überraschend angeschnittene Fotos und frech verfremdete Titelbalken, will man der Schaulust eines jugendlichen Publikums entgegenkommen. Eilige Kost, nach dem Muster der Boulevardzeitung, findet man hier nicht. Ein Grund vielleicht, warum es im öffentlichen Leben relativ unaufgeregt zugeht. Diese Tageszeitungen erscheinen im handlichen Tabloid- oder Berliner Format und beweisen, dass man mit einer Zeitung als Designobjekt auch wirtschaftlich erfolgreich sein kann. Zum Erfolg tragen auch die anspruchsvollen Magazine bei, die am Wochenende den Blättern beigelegt sind. Darin finden sich große Reportagen, Kunst, Kultur und Interviews, und man beschäftigt sich ernsthaft und ausführlich mit Lebensart; mit Kochen und Essen, mit Produkten und Gärten. Es werden Zubereitungsarten erklärt, die zum Ausprobieren verleiten. Da werden hervorragende Weine vorgestellt, die man günstig in Supermärkten kaufen kann, feine Restaurants und schicke Hotels besprochen, die man sofort aufsuchen möchte. Kein Leser kann sich herausreden, dass es keine guten Sachen gäbe. Die Anzeigenseiten mit all den exklusiven Weltmarken, die in diesen Beilagen zu sehen sind, spekulieren auf die Konsumfreude der Flamen, die zu Europas vermögendsten Bürgern gerechnet werden, auch wenn sie Hemmungen haben, ihren Wohlstand zu zeigen.

Arbeiten, Geld verdienen und es wieder ausgeben. Das verschafft ihnen echte Genugtuung. International wird das Land wegen seiner »guten Wirtschaftsentwicklung« gelobt, für das UN-Entwicklungsprogramm gilt es als Vorbild für einen bikulturellen, demokratischen Staat. Gelobt werden auch die kostenlosen Kindergärten und das landesweite System von Krippen. Andererseits ist Belgien nicht nur kulturell und politisch, sondern auch wirtschaftlich zweigeteilt. Mit einer Arbeitslosigkeit von rund zwanzig Prozent gehört das einst reiche Wallonien heute zu den ärmeren Regionen Europas, während Flandern eine der wohlhabendsten europäischen Provinzen ist.

Flandern ist europäischer Regionalismus und europäische Weltläufigkeit auf engem Raum. Was immer hier zwischen der Ankunft der Burgunder und der Abspaltung von Holland entstand, war überraschend und provozierend. Nach Erhebungen des Tourismusamtes kommen die Besucher in großer Zahl, weil sie die flämische Lebensart schätzen, das gute Essen, das Shoppen vor historischer Kulisse und das sprichwörtliche Laisser-faire. Ein Land für Liebhaber des Absurden, ein Niemandsland, ein Zufallsprodukt der Geschichte, zwischen Fiktion und Wirklichkeit, zwischen Mittelalter und Wohlfahrtsstaat, regiert von einem König – jenem Typ, den man gerne zum Großvater hätte.

Gottesglaube mit Speck im Mund

Es war bei einem Besuch in Westflandern, dort, wo man schon mal schnell nach Frankreich gerät, wenn man einen Wegweiser übersieht. Der Wirt, über dessen Kugelbauch sich die Schürze spannte, ermunterte uns mit wohlklingender Stimme, noch einmal bei den *allerhande lekkernijen* zuzugreifen. Warum auch nicht? Am Morgen hatte ich schließlich festgestellt, dass die Hotelwaage ein Kilo weniger angezeigt hatte als am Tag vorher. Ich war darüber verwundert und sagte es dem Patron. Der gute Mann nahm mich beiseite und flüsterte verschwörerisch: »Wissen Sie, die Waagen sind hier extra so eingestellt, damit sie ein Kilo weniger anzeigen. Meine Gäste fühlen sich dann wohler und können weiter ungezwungen von unserer Kochkunst genießen. Aber psssst, nicht weitersagen.« Wieder so einer, der unsere Art von Gastfreundschaft nicht begreift, dachte er wahrscheinlich, und ich dachte: Was sind das doch für Filous. Als ob der Chef meine Gedanken erraten hatte, wirft er einen trockenen Zweig in die Glut des Kaminfeuers. Das kleine Rauchopfer zieht so angenehm in die Nase wie den Göttern der Antike und soll mich wohl gnädig stimmen.

Was für eine beneidenswerte Provinz. Die Menschen sind pfiffig, sie sind wohlhabend, und eine von Gott gesegnete Landschaft liefert alles, was Herz und Bauch begehren. In keinem anderen Land vergleichbarer Größe lassen die renommierten Gourmetführer mehr Sterne, Kochmützen oder Löffel pro Kopf der Bevölkerung blinken als hier. So schreibt die britische Tageszeitung *The Guardian* über die flämische Küche: »But what is the Flemish cooking, exactly? Or Belgian cuisine, come do that? The Flemish tell you that their food is cooked with French finesse and served with German generosity – you can go on diet in Paris, they snigger.« Um 1900 gab der »Baedeker« Reisenden den Rat, in Brüsseler oder flämischen Restaurants für zwei Personen nur ein Essen zu bestellen, weil die Speisehäuser nicht nur für ihre Eleganz und ihre guten Weine, sondern auch für ihre außergewöhnlich großzügigen Portionen berühmt waren.

Oft wird mir die Frage gestellt, warum man in Flandern besser essen kann als im angrenzenden Frankreich. »Ach, die Verheißungen Frankreichs«, meint ein Küchenchef, der auf seinen teuren Bauch stolz ist und die französische Küche kennt, die seiner Meinung nach »überall auf der Welt besser als dort schmeckt«. Und er vertraute mir seine »Entdeckung« an: »Länder, in denen die Fernsehköche berühmt sind, haben auch schlechte Küche.« Wenn es um ihre Gastronomie geht, plagt die Flamen kein Minderwertigkeitsgefühl. Wie alles hier hat auch gutes Essen Tradition, und Essen im Familienkreis oder der Besuch in einem Restaurant mit Freunden gehört zu ihren schönsten Ritualen. Vielleicht habe es ja auch etwas mit dem Glauben zu tun. »Wir Katholen leben einfach unbeschwerter als die Calvinisten, bei denen alles, was Spaß macht, verboten ist. Sündigen wir, gehen wir einfach zur Beichte.« Das ist das Credo der Flamen: Lieber bereuen als kein Genuss.

Als Beweis für die feine Lebensart wird oft der Champagnerverbrauch angeführt. Ob Flamen oder Franzosen den meisten Schaumwein trinken, ist eine Frage der Statistik. Längst hat es sich durchgesetzt, Champagner während des Essens zu trinken. Paul-François Vranken, gebürtiger Belgier und Pommery-Chef, ist sich sogar sicher, dass in seinem Heimatland noch mehr davon getrunken werde als in Frankreich, weil der Großteil seiner Landsleute Champagnerweine (auch Tankstellenshops haben eine große Auswahl) im nahe gelegenen Champagnergebiet rund um Reims einkaufen. Diese Verkaufszahlen aber würden in keiner Statistik auftauchen. Warum ein Belgier Chef des zweitgrößten Champagnerhauses werden konnte? Vranken sagte, er habe sechs oder sieben Jahre daran gearbeitet, seinen Akzent zu verlieren. Man könne nicht mit einem fremden Akzent an der Spitze eines solchen Unternehmens stehen. Auch ein südfranzösischer Akzent werde nicht toleriert, sei nicht kreditwürdig. So viel zum französischen Protektionismus.

Die Fundamente für den kulinarischen Ruf wurden früh gelegt. Dazu muss man sich nur die Bilder flämischer Maler anschauen, auf denen es immer turbulent hergeht. Zwar idealisiert, gewähren sie doch einen Einblick in das damalige Leben, das nicht nur Mühsal bedeutete, sondern in einen festen Reigen von Feier- und Festtagen eingebettet war, von denen es damals mehr als heute gab. Wer hätte, wenn er an Flandern denkt, nicht Jacob Jordaens' bacchantisches Gemälde »Der König trinkt« vor Augen oder Hieronymus Boschs eindrucksvolles Bild »Garten der Lüste«, in dem eine Riesenerdbeere das Symbol weltlicher Versuchungen ist? Nicht zufällig sind die Bilder vom Prassen und Trinken in einem Land entstanden, wo der Gourmet ebenso wie der Gourmand auf seine Kosten kommt. Genussfreude und Vergnügen sind keine Sünde, haben fest in der Tradition verankerte Wurzeln und sind, wie die Bilder ihrer Maler beweisen, eine glückliche Symbiose eingegangen. Wo sonst in Europa ist ein Kochbuch das meistverkaufte Buch des Landes? Diese Publikation »Ons kookboek« des flämischen Landfrauenverbandes wurde 2007 außerdem gemeinsam mit der Geneverbrennerei Koen de Jans aus der Geneverstadt Hasselt mit dem flämischen Kulturpreis ausgezeichnet. Da verwundert es auch nicht, dass eine hübsche Landfrau jährlich zur Bäuerin des Jahres gewählt wird, die auch der Landwirtschaftsminister in seine Arme schließt.

Ein Grund, ins Lokal zu gehen, lässt sich immer finden. Nicht nur Geburtstage, Hochzeiten oder Taufen werden in Restaurants gefeiert, auch mit Freunden oder Bekannten besucht man ein Café oder Restaurant. Essen kennt man aber auch als Schmerzmittel gegen all das Schlechte um einen herum. Eine Einladung nach Hause wird höchst selten ausgesprochen. Die Stützen der Spitzengastronomie sind die Wohlhabenden und die Geschäftsleute, denn authentisches Essen, also erstklassige Produkte und eine raffinierte Zubereitung, ist mehr denn je inzwischen auch hier eine Frage des Geldes. »Wo viel Geld ist, gibt es auch gute Restaurants«, umschreibt der in Brüssel aufgewachsene Restaurantkritiker Stephan Clauss den Zustand. Eine Mahlzeit in zwangloser Atmosphäre gehört zu den angenehmsten Formen flämischer Geselligkeit und des Wirtschaftslebens. Auf diese Weise wollen sie auch in Erfahrung bringen, mit wem sie es zu tun haben oder ob sich eine Vertiefung der Kontakte lohnt. Während des Essens reden Flamen auch lieber übers Essen. Zwar ist Reichtum und Geld nicht tabuisiert, aber über Geld redet man nicht. Höchstens mit dem Polizisten, der einen beim Übertreten der Geschwindigkeitsgrenze erwischt hat und die saftige Geldbuße sofort kassieren will. Ein Flame findet es vulgär, über Geld zu sprechen, und rundet nur großzügig beim Trinkgeld auf, wenn er zufrieden war. Da wir schon beim Geld sind: Auch beim Einkaufen, selbst in Luxusläden, gilt es als unfein, mit großen Geldnoten zu bezahlen. Die oberste Grenze liegt beim Einhunderteuroschein.

Wer etwa um elf Uhr zu einem Termin gebeten wird und anschließend von seinem Gesprächspartner nicht zum Lunch eingeladen wird, der kann davon ausgehen, dass es wohl zu keinen weiteren Terminen kommen wird. Verabreden sich Bekannte oder künftige Geschäftspartner am frühen Abend zu einem Aperitif und ist die Stimmung gut, kann davon ausgegangen werden, dass man gemeinsam dinieren wird. Dabei geht es nicht nur um den Wein, das Essen oder wer einlädt, also bezahlt, entscheidend ist das gegenseitige Kennenlernen und das Interesse am anderen. Flamen finden es wichtig, dass man eine vertrauensvolle Beziehung aufbaut oder vertieft, bevor man zur Sache kommt. Davon abgesehen, dass sie es nicht so genau mit der Pünktlichkeit nehmen und dass allgemein akzeptiert wird, wenn man eine Viertelstunde oder auch noch etwas später erscheint (nützlich ist es, wenn man die Mobilnummer jedes Flamen hat), fallen wichtige Entscheidungen nach wie vor in einem Café oder Restaurant. Auch Steuererklärungen und Kungeleien werden schon mal bei einem ausführlichen Essen und einem noch besseren Tropfen besprochen. Flamen sind *lekkerbekjes*, Leckermäulchen, wenn man ihnen schmeichelt: »Euer Land muss auf Weinkellern erbaut sein.«

Es gibt da eine Szene, die ich nicht unerwähnt lassen will, denn sie verdeutlicht einen wunderbaren Charakterzug. Am Nebentisch wird abgerechnet. Der Gast macht den Kellner darauf aufmerksam, dass das Essen für seine beiden Kinder nicht auf der Rechnung steht. Der Kellner erklärt knapp und bündig: »Kinder sind unsere Gäste.« Das war kein Einzelfall. Als ich den Chef darauf anspreche, sagt er nur: »Ach, wir können Kindern doch keine Rechnung ausstellen, und Geld verlieren wir auch nicht.« Das stimmt allerdings. Die Eltern bestellen noch einen Champagner – und sie werden wiederkommen. Außerdem werden sie vielen anderen von diesem Restaurant erzählen. Subtiler als Mund-zu-Mund-Propaganda kann keine Werbung sein.

Ist Flandern ein von Gott auserwählter Landstrich? Jedenfalls lässt Gott dort besonders viele engagierte Köche walten, die ihre Küche ständig verfeinern und modernisieren. Vielleicht ist dies der Grund, warum die kulinarische Küche im Westen Europas einfach vielseitiger als im Osten ist. Man geht in ein Restaurant, um überrascht zu werden. Allein beim Studium der opulenten Speisekarten beginnt der Puls rascher zu gehen. Soll man eine Gemüsesuppe als Gelee nehmen? Bresse-Huhn mit lauwarmem Salat oder doch Tagliatelle aus Gemüse zu gegrillten Langustinen im Porreemantel mit Trüffeln? Dann das Hauptgericht. Wieder auswählen. Am einfachsten ist es natürlich, sich für eines der angebotenen Menüs zu entscheiden. Clevere Wirte bieten auch gleich Weine zu den einzelnen Gerichten an – dann muss man sich nicht durch die oft umfangreichen Weinkarten lesen, die für den Ungeübten mit all ihren Lagen, Jahrgängen und Weingütern oftmals rätselhaft bleiben. Häufig wird ein fachkundiger Sommelier helfen, aber wenn dieser nicht da ist und man den Kellner fragt, hört man oft: »Nehmen Sie doch den, den verkaufen wir am besten.«

Flamen sind Liebhaber eines vorzüglichen Weines, und ihre Weinkeller sind gut bestückt. Außerdem reift, was nur wenige ahnen, in der Provinz Limburg ein vorzüglicher Riesling und Rotwein (appellation contrôlée) heran. Seit der Römerzeit gab es links und rechts der Maas Weinberge, aber Napoleon hatte die Rebflächen dereinst aus Angst vor der Konkurrenz zerstören lassen. Das flämische Weininstitut – ja, auch das gibt es – propagiert nicht nur den flämischen Wein – etwa Chardonnay aus Scherpenheuvel oder vom Weingut Genoels-Elderen –, sondern auch Tropfen aus Deutschland oder Österreich, denen man hier bislang zurückhaltend gegenüberstand. Vor allem aber sind die Flamen loyale Bordeauxtrinker. Alljährlich, Anfang April, zieht es die Einkäufer und Weinjournalisten zu den Weingütern rund um Bordeaux, wenn die Ernte vom Vorjahr taxiert wird. Aber weil Amerikaner Bordeaux zu jedem Preis kaufen, britische Pensionskassen auch in Weinen investieren können und russische Millionäre sowie die asiatische Elite längst die Grand Crus mit den schönen Etiketten entdeckt haben, können wir armen Europäer nicht mehr mittrinken.

Es ist etwas anderes, wenn man den Platz im Restaurant mit dem in der Küche vertauscht. Dieses Glück hatte ich bei dem Zwei-Sterne-Koch Roger Souvereyns, der von der Zeitschrift *Der Feinschmecker* als der »Fürst von Flandern« hochgelobt worden war. Dieser Großmeister überrascht immer wieder mit authentischen Geschmackskreationen. Souvereyns, der in seinem früheren »Scholteshof« viele Spitzenköche, auch deutsche, ausgebildet hat und nun nach einer kreativen Pause im »Bossenstein« in Broechem wieder am Herd steht, ist ein Perfektionist, und in der Küche herrscht Disziplin. Das muss wohl so sein, wenn das Lokal ausgebucht ist und die Gäste erwartungsvoll ihren Gerichten entgegenfiebern. Während im Restaurant getrunken, gedämpft gelacht und diskutiert wird, wird in der Küche konzentriert und still gearbeitet. Rund vier Stunden lang wird hier auf Hochtouren gearbeitet. Es herrscht eine hochexplosive Spannung, Adrenalin pulst durch den Körper, denn jeder Teller will perfekt gefüllt werden. Kochen ist eine einsame Tätigkeit. Der Meister steht vor seinem Topf, schmeckt ab: Jeder Gast ist ein König, ihm unterwirft sich der Koch.

Souvereyns ist ein Philosoph, der sich darüber im Klaren ist, dass wir sorgfältig mit den Ressourcen der Erde umgehen müssen, und die Gäste wissen das zu würdigen, denn die regionale Küche ist der Trend. Er weiß um Jahreszeiten, er weiß um Geschmack, Geruch und Begierde und kennt, wie andere gute Köche auch, seine Produzenten persönlich: die Frau, die den Ziegenkäse herstellt, und den Bauern, der die Rinder züchtet. Er kann sagen, von welchem Hof seine Eier oder sein Gemüse kommen, und er weiß, wie Johan mit seinen Schweinen umgeht. In einer Zeit, in der alles überall und immer zu haben ist, wird das Regionale für einen Koch immer wichtiger. »Die Produkte haben alle. Es geht darum, kreativ zu sein. Man muss mit Überzeugung an dem arbeiten, was man nicht lassen kann, und die Gäste damit begeistern.« Also keinen sauren Rotwein für das *boeuf bourguignon*, keine gestressten Hühner für das *poulet à l'estragon* und für die *meringue* keine Eier aus der Legefabrik. Erdbeeren mit Jetlag zur Winterzeit können zwar verführerisch aussehen, aber ihr Geschmack enttäuscht, und sie sind nie und nimmer so lecker wie frisch gepflückte Erdbeeren, die noch warm sind von den Sonnenstrahlen des Nachmittags.

Achten Sie, wenn Sie übers Land fahren, auf Schilder wie »Hoeveboter«, die auf den Verkauf von selbst gemachter Bauernbutter hinweisen. Und nehmen Sie doch einfach auch ein paar Eier und Gemüse mit. Auf den Bauernmärkten, etwa dem von Veurne, gibt's regionale Spezialitäten. Etwa Butter aus Dijksmuide, Tierentijn-Senf aus Gent, den extrem stark riechenden Rohkäse Herve aus Limburg, Birnensirup aus Apfel, Mechelse Koekoek (Hühner mit einem kräftigen Fleisch), die den Vergleich mit denen aus der Bresse nicht scheuen müssen, und frische Hopfensprossen. Hundertfünfzig Gramm Hopscheuten gibt es für zehn Euro. Wenn die Ernte schlecht ausgefallen ist, können sie auch schon mal doppelt so teuer sein, erzählt die junge Verkäuferin. Damit gehören frische Hopfenschösslinge wohl zu den teuersten Gemüsesorten der Welt. Die Keime, feine Wurzelausläufer der Hopfenpflanzen, wachsen unter schwarzer Folie heran und die elfenbeinfarbenen Sprossen werden, ähnlich wie beim Spargel, vor Tagesanbruch geerntet. Früher wanderten die Triebe auf den Kompost, bis die Haute Cuisine die Keime als Delikatesse entdeckte. Geliefert wird der »Hopfenspargel« auch an den Brüsseler Königshof und nach Japan. Der sanft bittere Hopfen schmeckt wie eine Kombination aus jungem Spargel und Sojabohnensprossen.

Die Saison dauert nur einige Wochen. Ein Grund, warum

sich nur wenige Restaurants auf die Zubereitung dieser Götterspeise spezialisiert haben. Ein Glück, dass es das Restaurant »D'Hommelkeete« oder den Gasthof »De Kring« in Poperinge gibt. Hier steht auf den Speisekarten das Hopfenmenü. Es beginnt mit mariniertem Lachs, rohen Hopfensprossen in Limonendressing. Anschließend werden pochierte Eier mit Kaviar sowie Hopfenkeimen serviert. Ebenso köstlich anschließend die Hopfensprossen in Sahnesoße mit Risotto und Trüffeln zum Steinbuttfilet »von der Angel« – also wild – in einer Kalbfleischsoße. Raffiniert werden Flanderns Wasser- und Landprodukte miteinander kombiniert. Das traditionelle Getränk zum Essen ist Bier, aber auch ein Grauer Burgunder passt fast immer gut. Der Hang zum Sinnlich-Überschwänglichen, verbunden mit dem Bodenständigen und Bedachten, ist den Flamen in Fleisch und Blut übergegangen. Kein Wunder, dass viele von ihnen übergewichtig sind, denn sie »glauben an Gott mit einem Stück Speck im Mund«, wie der Volksdichter Felix Timmermans es einst treffend formulierte.

Wie aber findet man ein gutes Restaurant? Die Zeiten, in denen man in jedes erstbeste Restaurant gehen konnte und für sein Geld etwas Gutes vorgesetzt bekam, sind auch in Flandern vorbei. Hilfreich sind oft die schwergewichtigen Gastronomieführer. Skeptisch sollten jene Häuser machen, deren Eingang mit zahlreichen schmucken »Empfehlungstäfelchen« versehen sind. Der Blick auf die Speisekarte hilft auch: Stimmen Gerichte und Preise mit dem Ambiente überein? Macht das Restaurant und Personal einen guten Eindruck, und ist es gut besucht? Andernfalls ist Argwohn geboten. Zur Lunchzeit sollte ein Restaurant belebt sein, also ein Kommen und Gehen der Gäste, denn Bewegung ist *plezant*, wie man hier sagt. Positiv stimmt, wenn der Chef oder die Chefin anwesend sind und möglichst viele der geparkten Autos belgische Nummernschilder haben. Auch das Schild »Jeunes Restaurateurs d'Europe« gilt als Empfehlung. Die dieser Vereinigung angehörenden Küchenchefs streben nach Modernität am Herd, experimentieren mit alten Rezepten und vergessenen Gemüsesorten, legen Wert auf Qualität, auf frische Produkte und haben Lieferanten, denen sie vertrauen können. Trinkgelder sind verpönt; erst wenn alles zur Zufriedenheit war, wird die Rechnung großzügig aufgerundet. Der kulinarische Gaumenkitzel, der aufmerksame Service und eine angenehme Atmosphäre mit intimer Öffentlichkeit sollten Merkmale eines guten Restaurants sein. Sonst kann man ja gleich zu Hause bleiben oder eine Frittenbude ansteuern. Speisekarten für Kinder gibt es normalerweise nur in Touristenlokalen. Flamen kämen nicht auf die Idee, ihrem Nachwuchs sogenannte Kinderteller mit Hühnchenteilen, Pommes und Apfelmus oder Kroketten mit Fischstäbchen zu bestellen. Das wäre in ihren Augen ein Banausenstreich und kein Weg zum Feinschmecker.

Ein Flame isst ebenso originell wie genussvoll, legt Wert auf ein gediegenes Ambiente, Geselligkeit und aufmerksamen Service. Auch in einem renommierten Restaurant mag er nicht unbedingt Experimente. Er schätzt gutbürgerliches Essen, am liebsten die moderne Küche à la flamande mit den jeweiligen Besonderheiten der regionalen Küche. Auch hier huldigen Köche dem Zeitgeist, und die Nouvelle Cuisine, die großen Teller mit den genussvollen Häppchen, hat auch hier ihre Erfolge, ebenso wie der Trend zur Authentizität. Aber der Anblick voller Teller stimmt einen Flamen zufriedener. Zu viel »Tüddelkram« auf seinem Teller findet er schlicht überflüssig.

Es waren flämische Kochkünstler, die zu den Ersten gehörten, die ihre »Sterne« zurückgaben, weil sie sich nicht mehr dem Stress einer Sterneadresse aussetzen wollten. Und sie haben Erfolg mit ihrer neuen Linie. Wie bei den Sprachen mit ihren Dialekten kann man auch dabei lokale Spezialitäten unterscheiden. In Mechelen ist es die Blumenkohlsuppe, in Gent die Waterzooi, ein mit Fisch oder Huhn zubereiteter

Gemüseeintopf. Sozusagen ihre Leibspeise sind Moules en frites (Muscheln mit Pommes frites), die es nicht ganzjährig, sondern nur während der Muschelsaison gibt. Daher ärgert es die Flamen, dass ihr Lieblingsgericht von Jahr zu Jahr teurer wird. Es gab sogar schon Streiks gegen die Preispolitik der holländischen Muschelbarone, die die Meeresfrüchte liefern. In Gasthäusern oder Bistros wird meist eine kleine Auswahl an Klassikern angeboten, etwa Carbonades flamandes, ein Gulasch in kräftig-dunkler Soße (oft in Trappistenbier geschmort), ein in Rodenbach-Bier mit Äpfeln geschmortes Huhn oder Entrecôte oder Beefsteak mit Mayonnaise (nicht süß) oder Soße Béarnaise – eine luftige und sahnige Verführung, da eine gute Béarnaise viel Butter enthält. Zu allen Gerichten gibt es Pommes. Tagesgerichte stehen oft mit Kreide auf die Schiefertafel gemalt.

Mit *Franse* oder *Oostendse Vissoep* ist nicht die Bouillabaisse gemeint, sondern eine hellgelbe bis hellbraune Fischbouillon, die aus mehreren Fischsorten sowie aus Zwiebeln, Karotten, Fenchel und Tomaten gezogen und dann abgeseiht wird. Aufgetragen wird die Suppe mit Croutons, gerösteten Brotwürfeln, einer Rouille (Mayonnaise mit Cayennepfeffer, Knoblauch und Safran) und geraspeltem Käse. Wie diese Zutaten im Einzelnen miteinander kombiniert werden, darüber gibt es unterschiedliche Auffassungen. Erstens: Man streicht Rouille auf die Croutons mit dem Käse und lässt sie in die Suppe gleiten, um sie mit der Bouillon zu löffeln. Zweitens: Man isst die Croutons wie Toast zur Suppe. Drittens: Man legt sie ohne Rouille und Käse in die Suppe. Viertens: Man streicht Rouille auf die Croutons – ohne Käse – und isst sie zur Suppe. Fünftens: wie erstens, aber ohne Käse. Sechstens: Man streut den Käse über die Suppe. Siebtens: Die Rouille wird durch die Suppe gerührt und mit Käse bestreut. Ich bevorzuge die fünfte Variante, denn Käse zum Fisch passt für meinen Geschmack nicht so richtig.

Das einst recht bitter schmeckende Wintergemüse Witlof,

also Chicorée, wurde von einem Brabanter Bauern entdeckt. Inzwischen ist die Bitterkeit weggezüchtet, und der handelsübliche Chicorée wird auf Wasser angebaut – und entsprechend schmeckt er auch. In besseren Restaurants verwendet man das auf Erde angebaute Nationalgemüse. Witlof wird im Salat verarbeitet, im Ofen mit karamellisierter Sahnesoße gegart oder als feine Suppe serviert. Dafür schneidet man eine Zwiebel und den weißen Teil des Porrees klein und dünstet alles in Butter an. Dann kommt der klein geschnittene Chicorée – mit einer Prise Zucker – in den Topf und wird mit Hühner-, Rinder- oder Gemüsebouillon aufgegossen; eine halbe Stunde köcheln lassen und anschließend pürieren. Einen Schuss Sahne und den Saft einer halben Zitrone hinzugeben, mit Muskat und Pfeffer abschmecken. Man kann auch gebackenen Speck dazugeben.

Auch das Kochen mit Bier gehört zu den festen Bestandteilen der flämischen Küche. Ob man jene Köche, die es darin zur Meisterschaft gebracht haben, kochende Bierbrauer oder bierbrauende Köche nennt, ist Ansichtssache.

Wahrer Kult sind die goldgelben Kartoffelstäbchen, die zu fast jedem Hauptgericht serviert werden. Pommes de terre Pont-Neuf nannte sie der Küchenguru Auguste Escoffier (1846–1935) und lieferte auch gleich das klassische Zubereitungsrezept zum Nationalgericht: »Kartoffeln vierkant teilen und in Stäbchen von einem Zentimeter Dicke schneiden, in heißem Öl backen, bis sie außen knusperig und innen weich sind. Vor allem kross müssen sie sein, denn krokante Krusten – wie bei der Crème Caramel – schmecken allen.« Allenthalben wird der Reisende mit Pommes frites konfrontiert, mit Schildern wie »Frituur«, »Friterie« oder »Frites ici«. Durch eine unvergleichliche Kombination von Schönheit und Geschmacklosigkeit, die schon wieder ans Geniale grenzt, machen diese *frietenkoten*, Pommesbuden, auf sich aufmerksam. Die Pommes frites werden beinahe überall mit so viel Könnerschaft und Fingerspitzengefühl zubereitet, dass sie buchstäblich »singen und springen«, wie mir ein »Friturist« in Brügge vorgeschwärmt hat.

Die »Frituristen« gibt es tatsächlich. Das sind professionelle Frittenmacher, die es als Kunst betrachten, perfekte Pommes herzustellen. Ihre Ölmischung gilt als Betriebsgeheimnis: Manche schwören auf Ochsenfett, mit Ziegen- oder Rinderfett gemischt, andere nehmen Pflanzen-, Mais- oder Arachidöl. Dazu gibt's eine bunte Auswahl an Soßen: Americaine, Andalouse, Provençale, Tropical, Tartare und natürlich Mayonnaise. Die Fritte gilt als kulinarisches Erbgut. Da liegt es nahe, aus den Tüten, in denen sie serviert werden, Kunstobjekte zu machen: zeitgenössisches Design mit Mayonnaise. Als ich mir während einer Stadtführung in lateinischer Sprache durch Brügge den Spaß erlaubte, stilgerecht eine Portion Fritten zu bestellen: »Sacculum pomorum terrestrium frictorum« und für den Klecks Mayonnaise »paululo iuris et vitello olea, acceto et sinapi commixti«, guckte mich der Verkäufer verwundert an und sagte: »Bitte, was?« Ich wiederholte meinen Wunsch: »Eine Tüte Pommes frites mit Mayonnaise.«

Brüssel, die menschliche Hauptstadt

Brüssel ist eine Achterbahn, vielleicht auch eine Rutschbahn, denke ich, während ich auf dem Place de la Monnaie stehe, wo einst die Münzen geschlagen wurden. Die Geschichte des Landes ist reich an ungewöhnlichen Entwicklungen, aber dass ein Staat seine Geburtsstunde in einer Oper erlebt hat, scheint einmalig. Die Muntschouwburg oder auch Théâtre de la Monnaie ist der Schauplatz dieses historischen Spektakels. Am Abend des 25. August 1830 hatte Daniel Aubers Volksoper »Die Stumme von Portici«, ein Werk über einen Aufruhr der Fischer von Neapel, dort ihre Brüsseler Premiere. Bei den Künstlern und unter dem Publikum herrschte Nervosität und Spannung, denn ein Jahr zuvor war das Werk mit der griffigen Marschmusik vom holländischen König verboten worden. Als die Arien »Heilige Liebe zum Vaterland«, »Bringt Waffen, Fackeln her« und »Nein, kein Tyrann, nicht Sklavenbande, dem Bürgerstande die Macht voran« erklingen, bricht der Tumult aus. Die belgische Revolution beginnt. Es war die Revolte, mit der man sich von der ungeliebten niederländischen Fremdherrschaft befreite.

Der Sturm aus der Oper, einmalig in der Weltgeschichte

und typisch für dieses surrealistische Land. Im Hintergrund hatten wieder mal Franzosen sowie die französischsprachige katholische Bourgeoisie die Fäden gezogen und die Unzufriedenheit der Bevölkerung mit dem calvinistischen König ausgenutzt. Dass der neue Staat ausgerechnet ein Königreich werden sollte, gehört ebenfalls zu den vielen Ungereimtheiten in der Geschichte des Landes.

In der Brüsseler Nationaloper ist auch heute noch vieles in Bewegung. Geleitet wird sie von Bernard Foccroulle, dem Nachfolger Gérard Mortiers, der sie an die Weltspitze herangeführt hatte. Abgesehen vom vielfältigen Spielplan ist der klassizistische Theaterbau sehenswert. Nach einer gründlichen Renovierung wurde das Foyer an der Decke mit Farbexpressionen und linear weißen Art-déco-Mustern von dem amerikanischen Konzeptkünstler Sol Lewitt ausgemalt. Der in Plüschrot und Gold gehaltene Zuschauerraum von 1854 blieb erhalten. Die Plätze, die für die EU-Mächtigen reserviert sind, bleiben leider meist leer. Das sei nur nebenbei bemerkt. Die Gleichgültigkeit gegenüber der Kunst zeigt sich eben auch darin, dass die Förderung von Kultur und Bildung im EU-Haushalt einen niedrigen Stellenwert einnimmt.

Brüssel ist seit mehr als sechshundert Jahren Hauptstadt. In dieser Funktion stand Bruxelles im Zentrum verschiedener Regierungssysteme, Königreiche und Dynastien. Offiziell ist es heute die Hauptstadt von Belgien und Flandern sowie Sitz der Nato und der Europäischen Union, dem wirtschaftlich mächtigsten Staatenbund der Erde. Außerdem bezeichnet die Stadt sich als die Schwester von Paris und als eine Hochburg des Comics, der Feinschmecker und der Art nouveau. Es ist ein Paradies für Hochstapler und Spekulanten, Träumer und Politiker. Mal präsentiert sie sich großbürgerlich, mal spießig, dann wieder ausgeflippt und schmuddelig. Auch für Brüssel gilt: Nur was sich verändert, wird interessant. Wenn man sich fragt, was diese Stadt von vergleichbaren europäischen Zentren unterscheidet, fällt einem ein unschätzbarer Vorzug ein:

Intimität und humane Dimensionen, zugeschnitten auf menschliches Maß. Aber sie zu verstehen oder zu begreifen, diesen Versuch muss man gar nicht erst unternehmen. Sie wird dem Besucher nicht klarer, egal ob er es mit den Polizisten, den Wirten oder den Hauseigentümern zu tun hat. Brüssel kann man nicht mit derselben Logik ergründen wie Paris oder Frankfurt. Es gibt auch keinen Anhaltspunkt, an dem man sich orientieren könnte, keinen Fluss und keinen herausragenden Kathedralenturm. Brüssel ist eine postmoderne Stadt, eine, die aus zahlreichen Dörfern entstanden ist, die ehemalige Hauptstadt Brabants, die, seit sie Europas Hauptstadt ist, einem fortwährenden Prozess des Neubauens und Sanierens ausgesetzt ist und geradezu in neuem Selbstbewusstsein erblüht. Die Stadt gefällt vielen nicht auf den ersten Blick, vielleicht auf den zweiten fasziniert sie mit südländischem Charme, Palästen (das heutige Königsschloss stammt aus der Zeit der Habsburger), historischen Plätzen, Museen, Bistros und Cafés.

Am bequemsten erreicht man Brüssel mit dem ICE oder dem Thalys, einer Hochgeschwindigkeitslinie, die täglich mehrmals Frankreich, Belgien, Deutschland und die Niederlande miteinander verbindet. Die Züge enden im Bahnhof Zuidstation / Gare du Midi – nicht zu verwechseln mit dem Hauptbahnhof, der Centraal Station im Zentrum. Wer mit dem Auto anreist, sollte sofort die Hotelgarage oder das nächste Parkhaus ansteuern, um den Wagen dort für die Dauer des Aufenthaltes stehen zu lassen. Als Autofahrer sollte man über ein robustes Gemüt, eine rasante Reaktionsfähigkeit, starke Nerven und eine gehörige Portion Frechheit verfügen.

Rund ums Zentrum, das wegen seines fünfeckigen Grundrisses als »Pentagon« bezeichnet wird, führen Ringstraßen, auf denen das Pentagon-Zeichen die Abfahrten anzeigt. Wer nicht genau weiß, wo er hinmuss, und sich falsch einordnet, der wird wie beim Mensch-ärgere-dich-nicht-Spiel gezwungen, die ganze Runde noch einmal zu drehen. Wer sich in einer Rotonde, also im Kreisverkehr befindet, hat immer vor dem einbiegenden Verkehr Vorrang. Hören Sie im Radio etwas von *hinder* oder *file*, so handelt es sich um einen Stau. Wenn bei einem Unfall ein Stau durch Gaffer und Neugierige entsteht, wird die Warnung ergänzt: *Kijkfile* auf der Gegenfahrbahn.

Der bemerkenswerte Fahrstil der Teilnehmer erinnert daran, wie Asterix einst auf die Römer draufzuhauen pflegte: schnell, flink und unberechenbar. Vielleicht spielt es dabei eine Rolle, dass Führerscheine erst seit 1975 Pflicht sind. Möglicherweise liegt es auch an dem, was im Lande »Parzellenmentalität« genannt wird: Jeder ist ein Individualist und kann in seinem Privatbereich tun und lassen, was er will, und dazu zählt auch das Auto: ein kleines eigenes Königreich.

Ein Brüsseler glaubt grundsätzlich, er sei der beste Autofahrer der Welt; nur dumm, dass die anderen sich so blöd anstellen. Verkehrsregeln versteht er allenfalls als gut gemeinte Hinweise, Blickkontakte werden ignoriert, der Blinker wird eher fakultativ genutzt, und das Parken in der zweiten Reihe oder vor Einfahrten ist die Regel. Auf einen Rückspiegel kann man verzichten, da die, die hinter einem fahren, ja aufpassen können. Ihr Blech ist ihnen nur heilig, solange dieses noch neu glänzt. Es empört sich auch keiner, wenn man an der Ampel nicht sogleich startet. Das Europäische Regierungspersonal, die jungen Stutzer aus der Diplomatie, all die Lobbyisten und Journalisten tragen ebenfalls ihr Scherflein zu den fahrerischen Untugenden und der landestypischen fröhlichen Anarchie der Einheimischen bei. Wohl aus der Überlegung heraus, dass eine sichtbare Polizeipräsenz nur störende Bremsreflexe auslösen und das Chaos noch chaotischer machen würde, sieht man fast nie Verkehrspolizei. Das Risiko, in eine Kontrolle zu geraten, tendiert gegen null. Brüsseler und Neubürger trinken zum Essen und auch zwischendurch gerne zwei Gläschen oder drei. Kommt es zur Alkoholkontrolle, versucht man sich damit herauszureden, dass man plötzlich so einen Heißhunger auf diese köstlichen Likörpralinen gehabt habe.

Die Brüsseler wissen sich zu arrangieren, haben eine pragmatische Liberalität und einen unglaublichen Gleichmut, gepaart mit nonchalantem Esprit, einer genialen Schlitzohrigkeit, einer pfiffigen Sprachgewandtheit sowie Höflichkeit und Selbstverleugnung – eine Mischung, wie man sie in dieser Kombination in anderen Metropolen kaum vorfindet. So gilt Brüssel denn auch als die menschlichste und liebenswerteste europäische Hauptstadt. Hier pflegt man keine hauptstädtische Großspurigkeit und übertriebene Selbstdarstellung, sondern Internationalität, Gelassenheit im Umgang mit anderen Menschen sowie Interesse an Kunst und den schönen Dingen des Lebens. Die Einwohner sind nicht so frech wie Amsterdamer, nicht so arrogant wie Pariser, und sie mäkeln nicht ständig an allem herum, wie es den Berlinern nachgesagt wird. Hinter der Fassade sieht es dann doch gelegentlich etwas anders aus. Brüssel kann sehr anonym sein, und die Toleranz der Hauptstädter besteht im Weggucken. Es interessiert sie kaum, was andere über sie denken, Imagepflege liegt den Brüsselern nicht, auch wenn die Stadt vollsteht mit Sehenswertem.

Wenn man von Brüssel spricht, ist nicht immer klar, ob das Stadtgebiet mit oder ohne eingemeindete Ortschaften gemeint ist. Außerdem variiert die Bevölkerung bei Tag und bei Nacht um Hunderttausende. Morgens fahren die Pendler zum Arbeiten in die Behörden, Ministerien, Geschäfte und Büros, und abends findet die Wanderung in entgegengesetzter Richtung statt. Lieber zwei oder drei Stunden pendeln, als in Brüssel wohnen. Flamen lieben ihre Hauptstadt nicht so sehr. Nach einer Umfrage des französischsprachigen TV-Senders RTBF wollen fast drei Viertel aller Flamen, dass nicht mehr Brüssel ihre Hauptstadt bleibt, sondern Antwerpen es wird. Sie finden Brüssel viel zu französischsprachig.

Dennoch hat sich eine Stadtkultur entwickelt, die die Anonymität einer Metropole mit nachbarschaftlicher Nähe verbindet. Großbrüssel, also die Hauptstadtregion, ist ein Konglomerat von neunzehn selbstständigen Gemeinden und Distriktverwaltungen mit einem Minimum an Koordination. Jede dieser Stadtgemeinden hat ihren eigenen Bürgermeister. Ihre kommunalen Vorschriften sind biegsam wie Karton, und sie haben die Infrastruktur einer Kleinstadt: Restaurants und Cafés, Schwimmbäder und Kaufhäuser, Kirchen und Schulen. Viele der Bewohner versichern glaubhaft, dass sie ihr Quartier höchst selten oder gar nie verlassen. Die bevorzugten Viertel sind Elsene / Ixelles und Sint Gillis / Saint Gilles mit neugotischen und Art-nouveau-Häusern. Die Wohnungen geben sich geräumig, die Szene ist liberal und kunterbunt gemischt, und man hat eine große Auswahl an Restaurants und Brasserien, die mit Gault-Millau-Hauben, Feinschmecker-FF oder Michelin-Sternen ausgezeichnet sind.

Brüssel ist eine Migrantenstadt. Hier existieren so viele Kulturen nebeneinander, wie Biersorten in den Getränkeshops stehen. Fast jeder dritte Einwohner ist ein Ausländer, von denen wiederum die Hälfte EU-Bürger sind. Viele fühlen sich pudelwohl in diesem Panoptikum von Sprachen und Kulturen. Die Brüsseler akzeptieren ihre »neue Besatzungsmacht«, wie sie Europas Regierungsbeamte und ihr Gefolge nennen, mit gutmütiger Gleichgültigkeit. Jeder »citytripper« spürt sofort, dass er sich eh in einer internationalen Stadt befindet. Etwa an den offiziell zweisprachigen Schildern. Ein verkauftes Haus ist nicht nur *vendue*, sondern auch *verkocht*. Und ein Linienbus, der beim Friedhof hält, fährt nicht nur zum *cimetière*, sondern auch zum *begraafplaats*. Zweisprachigkeit wird von allen städtischen Einrichtungen, wie zum Beispiel in Metro oder Bussen, Museen oder Theater, angeboten. Bisher waren auch ausländische Filme zweisprachig untertitelt. Inzwischen werden in den meisten ausländischen Kinofilmen die niederländischen Untertitel weggelassen, was dazu führt, dass immer mehr Flamen die Brüsseler Kinos boykottieren.

Der Alltag zeigt aber, dass nur etwa elf Prozent der Einwohner als wirklich zweisprachig gelten können. Das sind ebenso viel, wie es arabischsprachige Einwohner gibt (führende Muslime haben sich bereits für Arabisch als Amtssprache ausgesprochen). Die Mehrzahl der Bewohner spricht Französisch, ein Drittel Niederländisch, fast jeder Vierte Deutsch, siebzehn Prozent Spanisch, und Englisch setzt sich als Verkehrssprache gegenüber dem Französischen immer stärker durch. Es sei denn, man trifft auf einen richtigen Brüsseler, der noch den stadteigenen aus dem Mittelalter stammenden Dialekt spricht. Dann wird's kompliziert. Wollen Sie zum Beispiel zum »Hotel Amigo«, ist das für ihn nicht die Luxusherberge gleichen Namens und ehemalige Unterkunft von Altkanzler Helmut Kohl, sondern das Gefängnis. Gibt es etwas umsonst, sagt er: »'t es ve Buls«. (Wer für den früheren Bürgermeister Karel Buls (1837–1914) arbeitete, erhielt keinen Lohn, sondern ein Bier.) Der Spottname für einen Polizisten ist *ajoein*, was sich von den früheren weißen Helmen der Beamten ableitet. Ein Märchen heißt *vertelseke*, und wenn der Brüsseler im Restaurant Leitungswasser trinken will, bestellt er ein *Chateauneuf van de kros*, und hat's mal nicht geschmeckt, war es ein *flaa eite*.

Neubürger werden besonders krass mit der Absurdität der Sprachenapartheid konfrontiert. Ob beim Anmelden des Wohnsitzes oder dem Antrag auf einen Telefonanschluss: Wer kein Französisch kann, braucht einen Dolmetscher. Da wird einem die Aufforderung zugeschickt, die regionale »Wohnsitzsteuer« zu bezahlen. Das Schreiben ist in Französisch abgefasst, im Brief wird zwar auf ein *Nederlandstalig document* hingewiesen, doch das ist nur auf schriftliche Anforderung erhältlich. Erscheint man bei der Behörde, steht man auf der Schalterseite der Bittsteller. Und dann stellt sich jene Anspannung ein, wie sie jeder von der Passkontrolle auf einem Flughafen in einem fremden Land kennt. Man ist überzeugt, die Papiere sind in Ordnung, aber das ungewisse Kribbeln bleibt.

Und plötzlich geht über einem die rote Lampe an, und man wird weggeführt in einen Saal, in dem andere Leidensgenossen warten, und man muss nach endloser Warterei beweisen, dass man weder Terrorist ist noch sechs Monate unerlaubt im Land gearbeitet hat. Etwa so geht es in Brüsseler Behörden zu. Bis sich schließlich alles als Missverständnis herausstellt.

Besucher sollten mich nie nach »dem Weg« fragen. Die Chance, dass Ortsunkundige ihr Ziel erreichen, ist klein. Das hat etwas Tragisches, weil ich fremden Besuchern gerne helfe. Wenn mich Touristen, meist sind es verliebte Pärchen, freundlich um Auskunft fragen, entsteht in meinem Kopf ein Labyrinth von Straßen, Plätzen und Sehenswertem, ein virtuelles Bild der Stadt. Noch schwieriger ist es, wenn sie im Auto sitzen, die Fensterscheibe herunterdrehen und mir einen zerknitterten Stadtplan vor die Nase halten und ich mich tief hinabbeugen muss. Nachdem ich dann einige Anweisungen – *straight ahead, then to the left* – gegeben habe und sie frohgemut (was sind das für nette Menschen hier) weiterfahren, packen mich die Zweifel, ob meine Angaben überhaupt richtig waren. Hätte ich nicht *right* statt *left* sagen müssen, nicht die dritte, sondern die zweite Querstraße? Jedes Mal frage ich mich dann, wieso mich ein Tourist für einen Einheimischen hält.

Die Frage muss gestellt werden: Ist Brüssel eine geschundene Schönheit? Die Tragödie der Sechzigerjahre war, dass die Stadtplaner zur Weltausstellung 1958 Autobahnschneisen durch das Zentrum schlagen ließen, die Fassaden von Belle-Époque-Gebäuden vom putzwütigen Modernisierungswillen zerstört wurden. Kein Atlas, der mehr Balkone trägt; weg mit Kapitellen und Amoretten. Die Senne, der Stadtfluss, war zuvor unterirdisch kanalisiert worden. »Nicht einmal einen richtigen Fluss gibt es, in dem man sich ertränken könnte«, nörgelte der französische Romantiker Gérard de Nerval und nahm sich 1855 in Paris das Leben. In dem prophetischen

Comicalbum »Brüsel« (dem Stadtnamen fehlt bewusst das zweite »s«) haben Zeichner François Schuiten und Szenarist Benoît Peeters den Kahlschlag in der Stadt geschildert: den Umbau der Art-nouveau-Metropole zur Euro-City mit ihren architektonisch unheimischen Gebäuden.

Zwar ist die Stadt immer noch reich an architektonischen Kostbarkeiten, aber wenn man alte Bilder sieht, erkennt man, dass viel Schönes verschwunden ist. Darin spiegelt sich aber auch der Hang der Bürger zu zivilisatorischem Anachronismus oder zivilem Ungehorsam wider. Dennoch ist eine seit der Renaissance kultivierte Stadt so leicht nicht kleinzukriegen. Da die Stadt in ihrer Geschichte viele Liebhaber gehabt hatte, sie viel von ihrer Unschuld verloren hat, sind vor allem aber die Brüsseler sich selbst treu geblieben. Sie leben nach der Devise »Leben und leben lassen«, die ihre logischen Wurzeln in ihrem pragmatischen und rebellischen Denken hat.

Brüsseler sind nicht so nationalistisch wie Amerikaner oder nicht so arrogant wie Pariser. Die Bewohner schätzen eine angenehme Lebensart und haben ein ausgeprägtes Gefühl für feinen Humor und deftige Witze. Wer aufmerksam durch die Unter- und Oberstadt läuft, findet immer wieder auch jenes Brüssel, das gleichsam ein glanzvoller und anregender Zufluchtsort für kritische Geister war, die gegen Ende des 19. Jahrhunderts in Scharen kamen: Karl Marx, Victor Hugo und Charles Baudelaire, der das böse Buch »Arm Brüssel« schrieb, lebten hier im Exil. Auch der holländische Kolonialbeamte Multatuli (alias Eduard Douwes Dekker, 1820–1887) schrieb beim Genuss von Faro-Bier seinen Bestseller »Max Havelaar«, eine Anklage gegen den blutigen holländischen Kolonialismus im heutigen Indonesien. Viele berühmte Flüchtlinge haben hier die Nächte durchgezecht, diskutiert und gearbeitet. Etwa die zwei großen französischen Dichter Arthur Rimbaud und Paul Verlaine, die in dieser Stadt die Antiklimax einer unmöglichen Liebesbeziehung erlebten, als der zehn Jahre ältere Verlaine seinen Freund mit einem Revolverschuss verletzte. Sie alle repräsentieren ein völlig anderes Brüssel als jenes, das mit Europas Regierungspersonal in Verbindung gebracht wird.

Angenehm an Brüssel ist das Unaufdringliche vieler seiner Schönheiten. Etwa die gläserne Einkaufspassage Sint-Hubertus Galerijen / Galeries Saint-Hubert aus dem 19. Jahrhundert. Für mich ist sie die schönste Passage, die ich kenne. Sie ist nicht so weitläufig wie die von Leipzig, nicht so überdimensioniert wie die von Mailand oder so chic-modern und preisgekrönt wie die von Hamburg, sondern elegant und ein wenig melancholisch. Es gibt vornehme Läden, Cafés mit viel Glas, dunklem Holz und gutem Kaffee. Ein Ort, an dem man darüber nachdenken kann, warum gerade Brüssel auf Dichter und Schriftsteller eine so große Anziehungskraft ausübt. Vielleicht, weil es die freieste Stadt Europas war, die Verfolgten aus Holland, Deutschland und Frankreich Exil anbot und in der die bikulturelle Gesellschaft – wie Multikulti hier genannt wird – schon seit Jahr und Tag gelebt wurde? Oder vielleicht, weil die Atmosphäre so mediterran ist? Brüssel – wie Rom auf sieben Hügeln erbaut – ist in vieler Hinsicht das, was man als eine »schlafende Schöne« bezeichnet, die man nur wecken muss.

Die These, der Surrealismus sei nicht nur der typische Kunststil dieses Landes, sondern auch seine politische Philosophie, wird häufig vertreten. Er sei der Existenznachweis eines Landes, in dem das Groteske und Absurde Triumphe feiern. Die Maler James Ensor und René Magritte, Fernand Khnopff und Paul Delvaux haben hinter der Oberfläche des Alltags Dämonen, Teufel und die Untiefen der Sexualität aufgespürt. Jener Mann, der auf Magrittes »La Lampe Philosophique« von 1936 seine eigene Nase in der Pfeife raucht, gilt vielen als Symbolfigur für den bizarren Zustand in Stadt und Land. In diesem Zusammenhang fällt mir der Landvermesser in Franz Kafkas »Das Schloß« ein. In seinem Roman ist das Schloss Sitz einer undefinierten Macht, und die Hauptfigur, der Landvermesser, gerät in ein undurchschaubares und unerträgliches Durcheinander und stirbt schließlich an Erschöpfung.

Brüssel, um 966 auf der Senne-Insel Saint-Gery gegründet, hat in seiner langen Geschichte einiges mitgemacht. Der Name der Siedlung am Handelsweg von Köln nach Brügge und Paris geht auf das flämische Wort für Brücke zurück. Von Brüssel aus regierte Kaiser Karl V. sein Weltreich. Nach den Spaniern kamen die österreichischen Habsburger, bis sie den Franzosen Platz machen mussten, nicht ohne zahlreiche Kunstschätze nach Wien mitzuschleppen. Der erste König Leopold I. (1790–1865) entpuppte sich als Flamboyant, der das Monströse und Monumentale liebte. Sein Sohn, Leopold II. (1835–1909), aus demselben Holz geschnitzt, war obendrein ein Visionär und im besten Sinne belgisch: zynisch und lebensfroh. Im Drang nach Repräsentation war er unübertroffen. Er hatte jede Menge hochfliegende Pläne, und Europa war baff über die turbulente Entwicklung des jungen Staates. Schnell wird das Land zur größten Industriezone auf dem Kontinent. Mit der Errichtung pompöser Bauwerke erfüllte sich der König einen Herzenswunsch: Brüssel sollte ein zweites Paris werden. Nach dem Vorbild des Pariser Stadtplaners Haussman ließ Leopold Boulevards anlegen, etwa die Anspachlaan / Boulevard Anspach und die Koningsstraat / Rue Royal. Der Geist der leopoldinischen Großmacht mit Repräsentationsgelüsten lässt sich an den Beletagen und dem imperialen Anspruch in vielen Treppenhäusern ablesen.

Die Berliner Kongo-Konferenz deklarierte 1885 den Kongo als Privateigentum des Königs. Den Afrikanern bekam das nicht gut. Der König verstieg sich in kühne missionarische Träume. »Zivilisieren« wollte er die Afrikaner. Er baute Schulen, Krankenhäuser, Missionsstationen und ein Straßennetz. Als Gegenleistung ließ er das rohstoffreiche Riesenreich gnadenlos ausbeuten und schenkte die Kolonie 1923 dem Staat. Joseph Conrad sprach vom »Herz der Finsternis« (1902). 1960 wird die Kolonie unvorbereitet in die Unabhängigkeit entlassen. Fahren Sie einmal zum Königlichen Museum für Zentralafrika, in dem das »Abenteuer Kongo« mit ausgestopften Elefanten und Springböcken geradezu greifbar ist.

Aber der königlichen Familie ist keineswegs nur das Kolonialmuseum zu verdanken: König Albert I. (1875–1934) war mit Elisabeth aus dem bayerischen Fürstenhaus Wittelsbach verheiratet. Nach der Königin – und begabten Violinistin, die mit Albert Einstein gemeinsam gespielt hat – ist der international renommierte Musikwettbewerb Concours Reine Elisabeth benannt, bei dem sich seit 1937 alle zwei Jahre bekannte Pianisten, Geiger und Sänger messen.

Grote Markt, ein ganz besonderer Platz

Von Zeit zu Zeit kann es guttun, den Ort seiner Gewohnheiten und den Alltag zu verlassen und aufzubrechen. Brüssel ist ein ideales Ziel, das durch seine vertrauliche europäische Überschaubarkeit und seine mediterrane Atmosphäre dem Besucher die Schwellenangst vor der Fremde nimmt. Lassen Sie sich durch die Straßen und Gassen treiben, um dann am zentralen Platz der Stadt, sozusagen in ihrem Herz, anzukommen. Historische Städte kennen die Tradition der Marktplätze, die Bühnen des Volkes. Und Flanderns Städte sind reich an derartigen Plätzen, aber der Grote Markt ist die gute Stube.

Die Erkundung der Stadt beginnt hier, aber zuvor verzaubert, la Grand Place oder Grote Markt seine Besucher. Kneipen und Terrassencafés bilden seine Logen: Einheimische, Immigranten, Besucher, Verliebte, Schüler in Schuluniform oder Staatsgäste vermischen sich auf dem Pflaster der »schönsten Theaterkulisse der Welt«, so der Franzose Jean Cocteau. Ja, der Grote Markt gehört sicher zu den attraktivsten Plätzen der Welt. Und zu den beliebtesten. Auf dem Grote Markt scheint sich buchstäblich die reisende Welt einzufinden, die von Sehenswürdigkeit zu Sehenswürdigkeit zieht. Angesichts dessen fällt es schwer, den Grote Markt im Schnelldurchgang zu erfassen. Zu mächtig ist das Gewusel und Summen von Stimmen.

Am 13. und 14. August 1695 wurde die Stadt von Franzosen mit Brandbomben beschossen. Rund dreitausendachthundert Gebäude und mehr als ein Dutzend Klöster und Kirchen brannten aus, darunter die Häuser am Grote Markt. Lediglich das spätgotische Rathaus, das Hôtel de Ville, mit dem einundneunzig Meter hohen Turm im Stil der Brabanter Gotik überstand das Inferno. Der Markt wurde zwar wieder aufgebaut – schöner denn je mit vergoldeten Giebeln. Was aber schlimmer war, wertvolle Kunst, darunter auch Malereien von Rogier van der Weyden (1399–1464), und das Stadtarchiv wurden zerstört. Daher wissen wir auch wenig über die Geschichte unserer gemeinsamen europäischen Hauptstadt.

Der fürstliche Rathaussaal ist mit wertvollen Tapisserien und einem Brüssel und Brabant verherrlichenden Deckengemälde geschmückt. Verschwenderisch ausgestaltet sind auch die Empfangs- und Sitzungsräume.

Im »Schwanenhaus«, Maison du Cygne, redigierte Karl Marx sein »Kommunistisches Manifest«. Wer auf der Suche nach seiner großen Liebe ist, muss über den Bronzearm von Ritter Everard 't Serclaes streicheln, der sich am Eingang des ehemaligen Zunfthauses der Metzger befindet. Schräg gegenüber vom Schwan, im ersten Stock des Pigeon, der Taube, mit der Hausnummer 26–27 schrieb Victor Hugo, ein anderer politischer Flüchtling, an seinem Roman »Les Misérables«, »Die Elenden«, der auch als Musical Weltruhm erreichte. Von Hugo ist bekannt, dass er sich über den Gestank und den Lärm, der vom Markt in sein Arbeitszimmer drang, heftig beklagt hatte. Heute ist der Markt blitzsauber. Am schönsten ist es, wenn die vergoldeten Fassaden morgens im ersten Sonnenlicht leuchten und die Gebäude, der »Goldene Baum«, wo die Brauer heute zum Umtrunk einladen, der »Esel«, der

»Schwan« oder der »Fuchs«, in vollem Glanz erstrahlen. Allein wird man hier so schnell nicht sein.

Anfang Juni wird der Grote Markt zur Spektakelbühne, wenn der historische »Ommegang« gefeiert wird – zur Erinnerung an den vom Magistrat am 2. Juni 1549 ausgerichteten Empfang zu Ehren Kaiser Karls V. und seines Sohnes Philipp II. Die vornehmsten Familien des Landes nehmen in historischen Kostümen teil und mimen ihre adeligen Vorfahren. Der Festumzug wird von Reitern und Bannerträgern mit den Fahnen des flämischen Löwen und des wallonischen Hahns begleitet: Das Volk, das Bruegels Bildern entstammen könnte, verteilt Kuchen und Blumen an die Zuschauer. Der Aufmarsch endet vor den Tribünen auf dem Grote Markt, der festlich beleuchtet ist. Die Tribünenplätze, um die man sich rechtzeitig bemühen sollte, sind begehrt, denn hier kann man miterleben, wie in Flandern einst gefeiert wurde.

Auch für das Skurrile hatten die Brüsseler schon immer ein Faible. Welche andere Stadt würde so viel Selbstironie aufbringen, ein Manneken Pis (1619) zu ihrem Wahrzeichen zu machen? Um das »Manneken« ranken sich zahlreiche Legenden, und seine Geschichte wurde von Soziologen und Sexologen erforscht. Demnach soll der »älteste Bürger der Stadt« die Freiheitsliebe und den Widerstandsgeist der Brüsseler symbolisieren, möglicherweise ist er auch ein Potenzsymbol für Wohlstand. Immer wenn Brüssel besetzt zu werden drohte, wurde diese Bronzestatue, die auch häufig gestohlen wurde, als Erstes in Sicherheit gebracht. Die erste Uniform, die das Knäblein in der Stoofstraat / Rue de L'Etuve erhielt, war eine bayerische Schützentracht, ein Geschenk des Kurfürsten von Bayern 1698. Inzwischen umfasst seine Uniformsammlung siebenhundertsechzig Exemplare. Brüssel ist real existierender Surrealismus. Und weil die Stadt Dekor vieler Comicgeschichten ist – Manneken Pis im »Schwarzen Turm«, der Grote Markt bei Suske und Wiske oder die St. Hubertus-Galerie bei Barelli –, wurden zahlreiche graue Fassaden mit

Szenen und bunten Gestalten aus bekannten Comicstrips verschönert. Die originelle Idee eines Stadtspaziergangs entlang dieser Mauerbilder ist eine gute Gelegenheit, die Unterstadt kennenzulernen. Dazu benötigt man lediglich etwas Zeit und die entsprechende Themenbroschüre, die es beim Verkehrsamt gibt.

Die Comicroute beginnt auf dem Grote Markt. An der Rue du Marché au Charbon erkennt man »Le Passage« von François Schuiten. Eindrucksvoll auch die Szene »Broussaille« von Frank Pé am Plattensteen. Einige Schritte weiter, und man befindet sich in der engen Gasse des Bon Secours. Hier glänzt der blonde Held Ric Hochet, auch Rik Ringers genannt, auf der Fassade eines alten Hauses. Nero, Titelheld von Marc Sleen, kommt am Sint-Goriksplein / Place Saint-Géry zu seinem Recht. Suske und Wiske tummeln sich fröhlich in der Rue de Laeken. Eine der größten Wandmalereien findet man in der Rue de la Buanderie, der Waschhausstraße: Lucky Luke, der pfiffige Cowboy, der schneller schießt als sein Schatten, und seine Gegenspieler, die vier Daltons in Aktion. Aber auch im Untergrund gibt's Comics zu sehen. Millionen Euro wurden investiert, um aus Metrostationen wahre Kunstwerke zu machen. Ein Wandbild mit Tim und Struppi ziert die Metrostation Stockel.

Funshoppen, das weiß jeder Projektentwickler, hat sich längst zur wichtigsten Form der Freizeitbeschäftigung entwickelt. Zum Glück hat man es hier nicht nur mit simplen Einkaufspassagen zu tun, sondern mit Ensembles von munteren Läden etwa rund um die Dansaertstraat / Rue Dansaert oder Vlaamsesteenweg / Rue de Flandre. Es gibt zahlreiche Geschäfte, Restaurants und Boutiquen, von denen die Wohn- und Modeläden als wegweisend gelten. Die hier lebenden Franzosen müssen zugeben, dass das fünfundachtzig Thalys-Minuten entfernte Paris im Vergleich zu Brüssel wie eine Stadt der Vergangenheit wirke, und Spanier ergänzen, Brüssel sei spannend wie Madrid.

Das fidele Völkchen der Brüsseler Bohemiens ist jung und hat das, was manchen Besuchern oft fehlt: Zeit, Geschmack und Höflichkeit. Die Stadt, das spürt man, ist voll von kreativer Energie. Im Dansaertviertel wurden auch Wohn- und Lagerhäuser zu ausgefallenen Ateliers und Showrooms, Lofts und Appartements gestylt (www.modobruxellae.be). Dort hat sich die Crème de la Crème der Modemacher und Künstler, Designer und Individualisten mit frisch-frechen Boutiquen zwischen Cafés und Restaurants eingenistet. Im krassen Gegensatz zur Oberstadt, wo die Edelboutiquen der uniformierten kostspieligen Markennamen – also jener ordinäre Luxus, der mit dem Anspruch daherkommt, Geschmack lasse sich kaufen – die Luxusfashionistas lockt, kontert die Unterstadt mit passionierter Kreativität. Dort kann man der Krankheit unserer Zeit, der Langeweile, entkommen und beispielsweise Abend- und Hochzeitsroben aus feinen Stoffen bewundern, sich bei Schmuckdesignern umsehen, avantgardistische Kindermode kaufen oder bei talentierten Nachwuchscouturiers, die ihre eigenen Labels etablieren, vorbeischauen. Dann wieder gesellt sich ein Stretchshirt im blau-weißen Muster der Siebzigerjahre zu einem passend glockigen Rock: Das ist nicht einfach Secondhand, sondern Trend. Zwischen Vintage und Designerkleidung stehen die Hocker der Espressobar. Erfolg macht hellhörig, und so ziehen Eurokraten und Handelsketten in das Quartier mit den restaurierten Belle-Époque-Fassaden. Beliebt machen sie sich damit nicht. Die Mieten steigen, und die Avantgarde, die das einst marode Viertel entdeckt hatte, muss sich neue Adressen suchen.

Auch das Symbol der Weltausstellung des Jahres 1958 dämmerte jahrzehntelang vor sich hin. Das Atomium hatte den Aufbruch in ein neues, positiv geprägtes technologisches Zeitalter signalisiert. Dann wurde es, wie so vieles hier, vernachlässigt, verrostete und vergammelte. »Das aus der Ferne imposant im Sonnenlicht funkelnde Wahrzeichen bietet bei näherer Betrachtung ein ziemlich erbärmliches Bild. Die Ausstellungen über humanevolutorisch-biophysikalisch-medizinische Themen haben die didaktische Lebendigkeit eines Telefonbuchs mit Fußnoten, und das Restaurant wirkt wie ein ferngesteuertes Franchise-Unternehmen der ehemaligen volkseigenen DDR-Gastronomie. Das einzige Zeitlose an diesem Eiffelturm des kleinen Mannes sind die Souvenirs. Die waren schon in den Fünfzigerjahren veraltet.« Das schrieb Mathias Döpfner, Vorstandschef der Axel Springer AG, der Anfang der Neunzigerjahre in dieser Stadt als Journalist gearbeitet hat, in seinem Insider-Lexikon »Brüssel«.

Ich zitiere diese Beschreibung, damit der Leser ermessen kann, was für ein Kleinod diese Konstruktion aus neun mit Röhren verbundenen Stahlkugeln nach der dreiundzwanzig Millionen Euro teuren Restaurierung im Hier und Heute wieder ist. Neben dem Grote Markt ist das zweitausendachthundert Tonnen schwere Atomium die größte Sehenswürdigkeit der Stadt. Die Innenräume der stählernen Struktur, die ein Eisenmolekül in 165milliardenfacher Vergrößerung darstellt, wurden entrümpelt und mit dem dezenten Charme der Designklassiker aus den Fünfzigern neu gestaltet. Auch die Beleuchtung des Münchner Lichtkünstlers Ingo Maurer fügt sich in die klare Modernität des Ensembles. Die Besucher bilden Schlangen vor den Kassen dieses Monuments von hoher symbolischer Kraft und bestätigen damit, dass Brüssel keine museale Stadt ist, sondern sich als Großereignis von globaler Ausstrahlung versteht.

Leben in Schönheit und Sprechblasen

Es gibt Gebäude, durch die man immer wieder spazieren kann, ohne sofort zu wissen, warum sie so faszinierend sind. Solch ein Bauwerk ist Victor Hortas eigenes Wohnhaus im Brüsseler Viertel Saint-Gilles: Der Besucher betritt das Horta-Museum, geht diagonal durch einen Raum und ist sofort fasziniert von der Ästhetik in dem Gebäude. Horta (1861–1914) war der Erste gewesen, der die Art nouveau in die Architektur brachte und die Gebäude wieder hell machte. Architektur und dekorative Kunst bilden bei ihm eine Einheit. Mit dem Bau des Hotel Tassel entwickelte der Jugendstilarchitekt die Formensprache erstmals bis zur Vollendung und legte den Grundstock zu einer neuen Architektur, Art nouveau, ein Begriff, der 1895 erstmals von einem Pariser Kunsthändler benutzt wurde.

In Brüssel hatte diese künstlerische Strömung, die sich als architektonischer Protest gegen die Prunksucht der leopoldinischen Epoche verstand, ihren Höhepunkt um die vorletzte Jahrhundertwende, als Aufbruchstimmung herrschte. Vertreter des Großbürgertums, die Claude Monet bewunderten und Richard Wagner hörten, waren Auftraggeber von Häusern, die ihrem Sinn nach Repräsentation und Individualität Ausdruck verleihen sollten. Am Square Ambiorix steht so ein Kunstwerk, aber eines, das man sich nicht an die Wand hängen kann: Maison Saint-Cyr. Schmal wie ein Amsterdamer Grachtenhaus ist es, gerade mal vier Meter breit, aber fünf Etagen hoch, und die Küche befindet sich, wie früher üblich, im Keller. Das wohl schönste Haus der Stadt war von dem Horta-Schüler Gustave Strauven 1903 für den Maler George Léonard de Saint-Cyr erbaut worden.

Will man sich weiterhin einen Eindruck von Brüssel als »Art-nouveau-Stadt« verschaffen, sollte man das renovierte Autriquehaus von Victor Horta am Haachtsesteenweg besuchen oder auf das teuerste Haus der Stadt, das Stoclethuis, einen Blick werfen. Die Maison Stoclet, weltberühmt und unbekannt, weil es nicht besichtigt werden kann. Sie war 1906 von dem Bankiersehepaar Adolphe und Suzanne Stoclet bei dem Wiener Architekten Josef Hoffmann in Auftrag gegeben worden und gilt als das Prunkstück der Wiener Werkstätten, die dafür berühmt waren, dass sie mit ihren stilvollen Serienproduktionen das tägliche Leben bereichern wollten. Alles, was hier zu sehen ist, wurde in Wien hergestellt und nach Brüssel gebracht. Entstanden ist »ein Wohnhaus, in dem man in Schönheit baden kann«.

Als ich vor Jahren einmal die Gelegenheit hatte, die Marmorvilla mit ihren hohen Decken zu besuchen, war ich vor allem von den Nebenräumen beeindruckt, von der Küche und dem römisch anmutenden Bad mit der aus einem Steinblock gehauenen Badewanne. Wer einmal in der unter Denkmalschutz stehenden »Villa der Mysterien« war, um all die gesammelte Kunst zu bewundern, durfte kein Sterbenswörtchen verlieren über das Gesehene, über die mit Leder bezogenen Stühle, die von Gustav Klimt entworfenen Mosaiken, die mit Intarsien versehenen Tische oder die aus Portovenere-Marmor gearbeiteten Anrichten. Wie teuer dieses Gesamtkunstwerk war, weiß niemand. Dafür ist bekannt, dass es für rund hundert Millionen Euro verkauft werden soll. Zur Diskussion steht auch, den hauseigenen Theatersaal, in dem einst Musica-viva-Konzerte gegeben wurden, wieder für ein exklusives Publikum zu öffnen.

Keine andere Stadt hatte so viele prachtvolle Jugendstilgebäude wie Brüssel. Häuser mit eleganten schmiedeeisernen Balkonen, reich verzierten Giebeln, phantasievollen Fassaden, stilvoller Einrichtung und sonnigen Wintergärten. Als die Stadt jedoch immer mehr in die Fänge von Projektentwicklern und korrupten Politikern geriet, wurde großflächig abgerissen. Der Abbruch gewachsener Stadtteile bedeutete die Vertreibung der bisherigen Bewohner – und Entfremdung. Das bekannteste Opfer einer Stadtplanung mit der Abrissbirne war 1964 das Maison du Peuple. 1896 hatte Horta das Parteigebäude gebaut. Gerettete Bauteile zieren heute das Horta-Café in Antwerpen. Auch sonst wurde manches von der Art-nouveau-Innenausstattung gerettet und taucht in Antiquitätenläden oder auf den zahlreichen Flohmärkten des Landes auf. »Bruxellisation« ist das Wort für unsinnige urbanistische Pläne. Später folgte der »Fassadismus«: Die alte Bausubstanz wird entkernt, nur die Außenmauern bleiben erhalten, und dahinter entstehen Neubauten. Die Tragödie der Sechzigerjahre.

Standen 1993 in Brüssel nur dreihundertzweiundneunzig Gebäude auf der Liste des Denkmalschutzes, so sind es inzwischen rund dreitausend. Das hat auch ganz handfeste wirtschaftliche Gründe, denn architektonische Kleinode sind sehr beliebt und begehrt. Lobbyisten, die Euro- und Natobeamten, Diplomaten und Expats sind immer auf der Suche nach repräsentativen Adressen. Gleichzeitig sollen etwa fünfundzwanzigtausend Wohnungen leer stehen. Es gibt individuelle Stadtführungen (z. B. www.arau.org), die auch zu derlei Themen Auskunft geben und je nach Stadtführer sehr reizvoll sein können.

Ein gelungenes Beispiel für den Erhalt von Bauwerken ist

die gründliche Neuausrichtung des ehemaligen Verladebahnhofs Tour & Taxis, heute ein attraktiver Treffpunkt mit Restaurant und Café. Im Januar findet hier der Brüsseler Antikbeurs oder Foire des Antiquaires statt. Neben Maastricht und Paris ist Brüssel der überraschende Aufsteiger unter den berühmten Antiquitätenmessen. Die Schwerpunkte liegen bei Möbeln und Kunsthandwerk, Silber, alten Meistern, bei Asiatica und der Kunst Schwarzafrikas. Für afrikanische Ethnokunst ist die Stadt mit ihren zahlreichen Antiquitätenläden auch außerhalb der Messe ein ergiebiges Pflaster.

Eine positive Überraschung ist auch das größte Comiczentrum Europas, untergebracht im ehemaligen Art-nouveau-Kaufhaus. In der Aufbruchstimmung der Belle Époque erbaute Victor Horta sechs Kaufhäuser. Eines davon war das Textilhaus Charles Waucquez in der Zandstraat / Rue des Sables, bei dem Horta Glas und Gusseisen als herausragende Baumaterialien verwendete. Die Zandstraat ist ein Paradebeispiel für die Zerstörung der historischen Innenstadt: Erst wurden die Bewohner vertrieben, dann verfielen die Häuser, die Straße verslumte, und schließlich war auch das Warenhaus Waucquez am Ende. Der Staat kaufte die Ruine, stellte sie 1975 unter Denkmalschutz und unter den persönlichen Schutz des damaligen Königs Baudouin. Schließlich wurde das architektonische Juwel restauriert.

Das »Centrum van het Beeldverhaal«, in dem die originalen Bildstreifen der beliebtesten Stripzeichner zu sehen sind, durchstreifen jährlich etwa eine viertel Million Besucher. Im Jugendstilkontor ist Tim in Bronze, in Stein und in Kunststoff zu bewundern, samt seiner rotweiß gestreiften Mondrakete.

Was macht die Bilderbücher oder »bandes dessinées« – die auf vielfältige Weise vor Augen führen, was die Welt an Überraschungen für uns bereithält – zu einer Spezialität dieser Stadt und dieses Landes? »Wir waren in unserer Geschichte fortwährend besetzt, ständig war die Sprache verboten«, erklärt mir François Schuiten. »Bilder sind eine Art des Protestes. Das war bei Bosch und Bruegel so und ist noch heute aktuell. Wir kommunizieren leidenschaftlich über Bilder, und was Witz und Humor betrifft, sind wir wie ein Chamäleon.«

Der Nachwuchs wird in drei Jahren an der Sint-Lukas-Academie in Schaarbeek ausgebildet. Die jungen Künstler sind mit Tim und Struppi aufgewachsen und sind glücklich, mitmachen zu können. Was die respektlosen Spaßmacher antreibt, ist ein Gefühl der sozialen Verantwortung. So haben sie den Band »Bruxxxel« vorgelegt, in dem sie sozialhintergründig und respektlos Episoden aus dem Alltag der albanischen Mafia, der afrikanischen Huren oder der türkischen Geschäftsleute von Brüssel-Nord behandeln. Wer es als junger Comiczeichner schafft, mit seinen Sprechblasengeschichten von einer Zeitung abgedruckt zu werden – alle Blätter im Lande veröffentlichen täglich Comicserien –, der hat es geschafft.

Bildergeschichten haben in Flandern eine lange Tradition: Als der spanische König Philipp II. die Reformation mit Gewalt zu unterdrücken versuchte, malte Pieter Bruegel im Brüsseler Marollenviertel den »Kindermord zu Bethlehem« – verpflanzt in ein flämisches Dorf. Hieronymus Bosch, vor allem aber Bruegel gelten mit ihren Arbeiten, etwa Bruegels »Niederländische Sprichwörter« (Berliner Museumsinsel) zu den Urvätern der Comics: Klassiker, die nicht altern.

Der erste Comiczeichner der modernen Zeit war Hergé, Pseudonym für Georges Remi. Er war Sohn einer flämischen Mutter und eines wallonischen Vaters und zweisprachig in Brüssel aufgewachsen. 1929 betritt Tintin erstmals die Szene: Dieser Comicheld mit seinem weißen Foxterrier Milou, in deutschen Editionen Tim und Struppi, ist der wohl bekannteste und pfiffigste – aber auch der faulste Reporter. Auf seinen Reisen um die Welt wird er mit einer abenteuerlichen Situation nach der anderen konfrontiert. Hergé bevölkerte die Welt seiner Geschichten mit Köpfen und Charakteren wie den ungeschickten Detektiven Jansen & Jansen oder Schultze und Schultze, dem gutmütig polternden Kapitän Haddock, der nervigen Bianca Castafiore, dem weltvergessenen Erfinder Professor Tournesol oder Bienlein oder dem Drahtzieher Doktor Miller und dem Schurken Allan. Tim entgeht immer knapp dem Schlimmsten und kommt daher nie dazu, eine Reportage zu schreiben. Dafür schenkte er seiner Fangemeinde eine Menge echter Glücksmomente. Und, Hand aufs Herz, wer würde nicht auch gerne seinen Impulsen folgen und dabei alle möglichen Abenteuer bestehen? Die Zeiten, da Comics den moralisch-sittlichen Niedergang bedeuteten, Verderber der Jugend waren, sind längst Vergangenheit.

Ihren ersten Auftritt hatten Tim und Struppi mit der gefahrvollen Reise durch die Sowjetunion, von der sowohl Ergötzliches als Ungemütliches zu berichten war. Das folgende Ziel war der Kongo, damals noch eine belgische Kolonie. Und so ging es Schlag auf Schlag. Falschmünzer auf schottischen Inseln, Ölscheichs mit finsteren Absichten und die geglückte Mondlandung. Und das Wunderbare, in all den Jahren ist Tim keinen Tag gealtert.

Im Nachhinein lassen sich Tims Erlebnisse als gleichermaßen witziger wie kritischer Kommentar der Zeitereignisse lesen. Dies und der klare, leicht lesbare Stil, die Farbgebung wurden Hergés Markenzeichen. Vieles, was die Wirklichkeit später nachliefert, verblasst vor den Visionen Hergés, dessen großer Wunsch jetzt in Erfüllung geht: Ein Film über Tim und Struppi. Dream Works, Steven Spielbergs Filmstudio, hat einen Filmvertrag mit Studio Hergé unterzeichnet. Spätestens 2010 soll es einen Tintin-Kinofilm geben. »Tintinophiles« findet der Besucher im Laden in der Rue de la Colline beim Grote Markt.

Der Bauch von Brüssel

Von einem Brüsseler Bekannten gefragt, welchen Duft ich mit seiner Stadt verbinde, galt mein erster Gedanke dem von Waffeln. In allen Einkaufsstraßen hängt der Vanillegeruch von Brüsseler Waffeln in der Luft. Brüssel gilt als »culinary melting pot« Europas. Oder wie der britische *The Independent* schreibt: »Belgium's capital is a tasty cocktail of French and Flemish ingredients with a sprinkling of other influences.« In diesem »Kochtopf Europas«, so das Magazin *Der Feinschmecker,* wird ständig experimentiert, denn kulinarischen Erfolg hat in dieser Stadt nur, wer das neugierige, verfressene, verwöhnte und seit jeher anspruchsvolle Publikum zu überzeugen vermag.

Jene Köche der etwa eintausendachthundert Restaurants, die das verinnerlicht haben, können über mangelnden Zulauf nicht klagen. Wie etwa »Le Fourneau«, wo eine Multikulti-truppe alle Hände voll zu tun hat. Anspruchsvolle Bistroküche bietet dort der Grieche Evangelis Triandopoulos in seiner Taverne: köstliche Tapas, Carpaccio von Jakobsmuscheln, mit Olivenöl und Zitronensaft beträufelt, oder die zarten Steaks à la planchas mit getrüffeltem Kartoffelpüree. Bei »Sister Act« wiederum sitzt man in bequemen Sesseln, um die Brasserieküche zu genießen: filet américan mit knackigen Pommes frites. Wer sich etwas richtig Feines gönnen will, der sucht im Radisson SAS Royal das »Seagrill« auf. Seit Jahren gehört es zur Spitze der besten europäischen Fischrestaurants. Etwa langsam gegarter Kabeljaurücken mit Fenchelpüree und Sainte-Emilion-Soße oder aber Seezunge mit glacierten Champignons und Tomaten in einer Soße béarnaise aus Austern. Lohnende Adressen für den avancierten Feinschmecker sind aber auch das gesellige Fischrestaurant »Le Belle Maraîchère«, »HB« mit seiner klassischen Küche, die Weinbar »Ars Vinorum«, in der man auch essen kann, das vegetarische Restaurant »Rouge Tomate«, ferner das winzig kleine und vorzügliche »Vini Divini« und natürlich die Legende »Comme Chez Soi«.

Restaurants in Brüssel sind nicht nur für die Show da. Mal abgesehen von Ausnahmen wie »Belga Queen«: Wunderschön ist das Interieur einer alten Bank, aber die Küche kann dem Anspruch nicht gerecht werden. In Zeiten der Globalisierung, wo einem Doraden und Lachs aus Aquafarmen oder Hirschrücken und Fasan aus Zuchtgehegen serviert werden, muss man sich auf die Betreiber Brüsseler Hochküche verlassen, die mit authentischen Gerichten locken und dafür auch hübsche Preise verlangen. Lachs oder Steinbutt aus Wildfang, Wildschwein aus den Ardennen – dazu knusperiges Brot und kristallklares Wasser, das sind zwei Unabdinglichkeiten eines guten Mahls. Eine Austernbar, in der der Brüsseler sein Dutzend mit einem Muscadet im Stehen schlürft, befindet sich seit Jahren in der Passage du Nord, unweit vom Metropole Hotel.

Die herzliche Beziehung der Menschen zum Essbaren äußert sich auch in den Straßennamen. Beim Spaziergang überquert man die Rue Chair et Pain, die Fleisch-und-Brotstraße, flaniert die Heringsstraße entlang oder begibt sich in die Impasse du Potage, die Suppengasse, zur Rue des Poissoniers, der Straße der Fischer, zur Rue Marché aux Poulets, dem Hühnermarkt, um alsbald einen kräftigen Appetit zu verspüren. Im Viertel Ilot Sacré, der Heiligen Insel, muss man allerdings höllisch aufpassen. Im »Bauch von Brüssel«, dem quirligen Fressviertel, stimmungsvoll wie die Rüdesheimer Drosselgasse, wird der ahnungslose Gast oft gnadenlos übers Ohr gehauen. Auf diesem »gastronomischen Strich« gibt es viele von rötlichem oder bläulichem Neonlicht bestrahlte Nepp-Adressen, in denen der Fremde mit Muscheln und Austern auf Eis, Seeigel und Hummer, fruits de mer, Hasen und Fasanen geködert wird. Vor den Restaurants versuchen Kellner wie Marktschreier, die staunenden Touristen in ihr Etablissement zu locken. Um diese Menschenfischer sollte man einen Bogen machen. Auch Taschendiebe haben hier ihre Standplätze eingenommen. Laufen etwas zu dicht an neugierigen Touristen vorbei, rempeln sie an – »Excuse me« –, und schon ist es passiert. Kleiner Trost: So gut wie jene in Amsterdam oder Paris sind die von Brüssel nicht.

Es gibt Ausnahmen, etwa das »Scheltema« oder das »Aux Armes de Bruxelles«, wo alles so ist, wie es schon vor Jahrzehnten war, als der Chansonnier Jacques Brel hier Garnelenkroketten verzehrte. Die Ober stehen wie vertraute Kastanien im Raum, sprechen normalerweise nur Französisch, aber wenn es ans Bezahlen geht, können sie plötzlich in Englisch, Deutsch oder Niederländisch abrechnen. Dieses Bistro-Restaurant mit seiner gebohnerten Vertäfelung und dem blitzenden Chrom im Herzen des Fressviertels gehört zu jenen urtypischen Lokalen, in denen der Gast selten enttäuscht wird. Die Fischsuppe *op eigen wijze*, nach einem Hausrezept, ist ebenso eine Hommage an die Brüsseler Küche wie der Steinbutt – kein armseliger Plattfisch, sondern ein richtiger Meeresfisch –, auf den Punkt zubereitet und ohne kulinarisches Brimborium. Dazu Pommes frites, dicke und dünne, zwei Sorten Mayonnaise, die etwas dünne, säuerliche Brüsseler Variante und die etwas dickere der Holländer. Hier kann man in aller Ruhe flämische Spezialitäten genießen: Fischpastete, Roggenflügel von fürstlichen Ausmaßen, traditionell zubereitet mit Kapern und brauner Butter.

Große Auswahl auch in der Dansaertwijk, dem anderen Unterstadt-Viertel mit der nonchalanten Atmosphäre. Man kann mir keine größere Freude machen als mit einem Essen in einem Bistro. Ein Großraum, das summende Geräusch der Gäste, erfahrene Kellner und unkomplizierte Gerichte nach bewährtem Rezept. Etwa im »Pré Salé«. In dem hellen Bistro wird der Gast verwöhnt mit Zeeland-Muscheln in Wein oder Carbonnades flamandes, eine Art Gulasch, alles serviert mit Fritten. Das »Vive M'Bona«, eine Art »Wohnzimmer-Restaurant«, liegt gegenüber und versteckt hinterm Metzgerladen. Ohne den Bekannten, der hier regelmäßig luncht, hätte ich dieses Etablissement mit den gedrängt sitzenden Menschen nie entdeckt. Jeder Stammgast wird herzlich begrüßt – als ob er zur Familie gehört. Fremden Besuchern gegenüber ist man etwas reservierter.

Dass viel Geld in der Stadt ist, zeigen all die Restaurants, die Abend für Abend ausgebucht sind, obwohl sie sündhaft teuer sind. Ein internationaler Trend sind die Museumsrestaurants. Da bildet auch Brüssel keine Ausnahme. Nachdem das Comic- oder das Musikinstrumenten-Museum mit Restaurants locken, gibt's auch die Museumsbrasserie in dem Koninklijke Musea voor Schone Kunsten, dem Museum für alte und moderne Kunst (von Jan van Eyck über Bruegel bis Magritte): eine elegante und feine Adresse mit einem vernünftigen Preis-Leistungs-Verhältnis und eine Ode an die flämische Küche. Aber die regionale Küche mit Saisonprodukten war hier nie out. Die Muschelsuppe ist gut abgeschmeckt, und die Füllung der Garnelenkroketten – ein Gericht, das sich gut eignet, um die Qualität flämischer Kochkunst zu beurteilen – ist konsistent und der Geschmack aromatisch ausgewogen. Ein nicht alltäglicher Genuss der gebackene Kabeljau mit heller Biersoße. Fein auch das Regionalmenü »Belgische bodem« (zu deutsch: »von einheimischem Grund«). Die Adresse »Bon-Bon« ist auch deswegen so erfolgreich, weil die Herkunft der Zutaten mitgeteilt werden.

Das Bistro »Le Roue d'Or« hat René Magritte, dem Großmeister des Surrealismus, auf dessen Bildern Schuhe zu Füßen werden, eine Hommage gewidmet, obwohl der Maler des Rätselhaften das Restaurant (Spezialität: Choucroute Alsacienne) selbst nie besucht hatte. Cafés aus alten Tagen wie das »Cirio« oder das »Greenwich« in der Rue de Chartreux, in dem Magritte Schach spielte, haben hohe Räume mit Spiegeln, Wandbänke vor Marmortischen und ockergelb gefärbte Wände. Aber im »Greenwich« erinnert nichts mehr an den berühmten Brüsseler Maler Magritte, obwohl er, ein mäßiger Schachspieler, in diesem Café oft und gerne war, gelegentlich mit der Fotografenlegende Man Ray. In sein Stammcafé, ein Schatzkästchen aus der Belle Époque mit blinden Spiegeln, einem sonderbar diffusen Licht und antiquarischen Unisextoiletten, die in Deutschland längst von den Gesundheitsbehörden geschlossen worden wären, reiste der Einzelgänger stets mit Bowler von seiner Vorstadtadresse mit der Tram. Seit hundert Jahren kommen die Brüsseler in dieses Volkscafé, um Schach zu spielen, zu diskutieren oder einfach um zu träumen. Beim Träumen sollen Magritte, seinen Blick auf die Ornamente an der Eingangstür gerichtet, die Eingebungen zu seinen surrealistischen Werken gekommen sein.

Ein Mann des Ruhms und ein Maler der Welträtsel, der in der Esseghemstraat 135 (sein Wohnhaus mit originalen Werken ist ein Museum) ein tristes Vorortleben führte, war nur einer von vielen, die sich in den Cafés der Stadt wohlfühlten. Auch Männer wie Karl Marx, Charles Baudelaire oder Victor Hugo waren ihnen regelrecht erlegen. Woher rührt aber deren Anziehungskraft? Vielleicht, weil sich Brüsseler Bierstuben wie das »Les Belges« oder »Les Barasseurs« an der Anspachlaan / Boulevard Anspach oder das »Mort Subite«, »La Belga« oder »La Becasse« so warmherzig, großzügig und lebensfroh zeigen.

Ich habe die Erfahrung gemacht, dass sich Brüsseler selten

zu einem Dessert nach dem Essen verleiten lassen. Wenn, dann bestellen sie nach einem feinen Essen zum Tee oder Espresso eine Praline. Brüssel ist die Stadt der Pralinen und Patisseure, und es war der Schweizer Jean Neuhaus, der 1857 seine »farmaceutische banketbakkerij« in der Koninginnegalerij eröffnete, der älteste Pralinenladen der Welt. Am Sint-Katelijneplein / Place Sainte-Catherine liegt das Schokoladenreich von Frederic Blondeel, die »Chocolaterie Blondeel«. Der Kakaoduft im Café ist betäubend. Blondeel zählt zur neuen Generation von Chocolatiers, die der Genießerwelt wunderbare Geschmackswelten erschlossen haben, von denen viele glaubten, es könne sie gar nicht geben. Etwa die Wasabi-Praline, bei der zunächst die Schärfe dominiert, bis sie von einem Hauch Pfirsich abgelöst wird. Der Chocolatier zeigt dunkelbraune Schokolade, die Grundsubstanz, die göttlich duftet, und erklärt, wie daraus seine Köstlichkeiten werden: »Ein Bonbon, wie wir die Praline nennen, muss einfach und aus bester Schokolade sein. Dann ist es nach Brüsseler Art.« In der traditionsreichen Branche macht man sich inzwischen neue Erkenntnis zunutze: Die dunkle Schokolade enthält Polyphenole, die entzündungshemmend und krebsvorbeugend wirken sollen. Dieselben Stoffe, denen auch der Rotwein seinen gesundheitsförderlichen Ruf zu verdanken hat. Eine gute Kakaosorte soll außerdem bis zu fünfhundert verschiedene Aromen enthalten!

Von Frederic Blondeel will ich erfahren, woran man eine gute Praline erkennt. »Das Geheimnis kann ich Ihnen verraten: Erfahrung, natürliche Produkte und feinste Schokolade.« Er verzichtet auf Fondant, Butter und Alkohol. Dafür kombiniert er verschiedene Gewürze und Früchte, verwendet zum Beispiel Kardamom, Thymian, Basilikum und geräucherten Tee, auch Ingwer, Wasabi (japanischer Meerrettich) oder Gartenminze. Und das Resultat sind Pralinen von nahezu unerhörtem Genuss. Für Blondeel ist Pralinengeschmack auch Emotion, und er ist der Meinung, eine Praline müsse man, schwups, in den Mund schieben, ohne lange daran herumzu-knabbern.

Auch Laurent Gerbaud ist ein »Magier des schwarzen Goldes«. Der 37-Jährige wurde gleich zu Beginn seiner Karriere mit seinen Kumquats (Zwergorangen) in dunkler Schokolade bekannt. Seine Pralinen schmecken intensiv nach Schokolade und enthalten raffinierte Geschmackskomponenten, denn der Chocolatier schwört auf Zutaten wie Zitronenblätter, Ingwer, Berberitze, Feigen, Aprikosen. Auch Macadamia oder Walnuss mag er: »Ich verkaufe Träume und süße Versuchungen.«

Dass Gerbaud und die anderen Chocolatiers nur beste Ingredienzien in ihren Kreationen verarbeiten und diese wie kleine Kunstwerke verpacken und verkaufen, versteht sich von selbst. Die Schokolade hat einen Kakaoanteil von zweiundsiebzig Prozent, mehr würde zu bitter schmecken, erklärt Gerbaud. Der Rest sind Kakaobutter und eine Prise Geheimnis: »Ich mache nur das, was ich selbst liebe.« Der weltweit bekannteste Brüsseler Hersteller ist indes ein Grieche: Leonidas Kestekides. Er brachte seine Pralinen unters Volk, indem er den Verkauf revolutionierte und sie durch sogenannte Guillotinefenster, quasi von der Fensterbank, an die Laufkundschaft verkaufte. Ein Konzept, das auch heute noch funktioniert.

Warum aber gibt es all diese Köstlichkeiten in Brüssel oder Flandern, werden Sie jetzt fragen. Als Getränk begann die Karriere der Schokolade in Klöstern – da gemäß der Regel: »Liquidum non frangit jejunum« – Flüssiges das Fasten nicht bricht. Von den Klöstern zur Aristokratie war es nur ein kurzer Weg. Außerdem sagt man der Schokolade aphrodisische Wirkung nach, und so etwas reizt die Menschen immer. Wer zum ersten Mal Trüffelpralinen oder die Manon Café, die berühmteste Brüsseler Praline mit einer gerösteten Haselnuss und umschlossen von weißer Schokolade, nascht, wird vom mundfüllenden Geschmack begeistert sein. Wichtige Merkmale einer guten Praline: die nicht zu süße Crème-fraîche-Masse, die Ausgewogenheit ihrer Füllung, die Qualität der Kuvertüre, die Balance zwischen Füllung und Kuvertüre sowie der Süßegrad. Allen Pralinen gemeinsam ist die krosse Schicht zwischen Überzugsmasse und Füllung. Wer ein *ballotin*, eine Pralinenschachtel mit Dekorschleifchen, kauft, der trägt das Ganze in einem exquisiten Designerlacktütchen heim: ein Souvenir, mit dem man nichts falsch machen kann. Öffnet die oder der Beschenkte die Verpackung, entsteigt ihr ein feiner Duft, und nach dem sorgfältigen Entfernen des Papiers bietet sich eine Auswahl erlesener Pralinés dar.

Auf dem abschüssigen Grote Zavel / Place du Grand Sablon, wo Armani, Prada sowie Edeltrödel und Restaurants auf Ihre goldene Kreditkarte warten, findet man Pierre Marcolini. Seine Boutique hat mehr Ähnlichkeit mit einem Juweliergeschäft als mit einer Confiserie. Für die japanischen Kunden ist der wohl innovativste und kreativste Chocolatier von Brüssel ein sündhaft teures Mekka der dunklen Verführung. Speziell für die Kundschaft aus Fernost gibt es japanische Bedienung, die mit weißen Handschuhen die Pralinen Stück für Stück verpackt. Für seine Füllungen benutzt der Sohn italienischer Einwanderer die breite Palette von reinen Kakaosorten aus Madagaskar, Venezuela oder Mexiko. Ferner Kräuter und Früchte bis hin zu Gewürzen wie Pfeffer und Chili. Subtil sind auch seine Kombinationen, etwa Pflaume mit Sichuanpfeffer. Seine Stillleben rufen bei den Besuchern großes Entzücken hervor. Kenner kaufen eine quadratische Tafel mit zweiundsiebzig Prozent Kakaoanteil und Vanille aus Tahiti oder auch einfach nur zwei Pralinen, um sie gleich zu naschen. Sozusagen zum Lunch.

Pralinenkunst repräsentieren auch »Irsi«, »Buri«, »Passion Chocolat«, »Mary«, die Familie Swertvaeger oder Jean Galler. Und immer wieder entdecken sie neue Geschmacksnischen: Veilchen, Rose oder Jasmin, Blaumohn, Oliven, Lakritz, Paprika und Balsamico, aber auch Banane, Curry und Wildkaffee. Sogar das japanische Kaiserpaar nascht davon. Brüsseler Pralinen werden von Tokio über Shanghai, von Berlin bis San Francisco verkauft. Wahren Luxus gibt es ja eigentlich nur in Märchen. Aber darüber, ob eine Wasabi- oder Berberitzen-praline Luxus ist, könnte man durchaus länger nachdenken. Der Schokoladenboom übertrifft längst den Wahn vom aus-gefallenen Wein, nicht zuletzt dank kreativer Chocolatiers hält sich das alte Kunst- und Kulturland in der Riege der reichsten Länder.

Allen Nörglern und Retro-Romantikern zum Trotz: In der guten alten Zeit war auch nicht alles besser. Etwa, was das Bier angeht, werden wir besser versorgt denn je. In Flandern, wo man sich lieber mit dem Geschmack, dem Duft und der Farbe eines Bieres als mit Zwischenbilanzen beschäftigt, habe ich einst in Brügge Nachhilfeunterricht in Sachen Hopfen und Malz bekommen. Zwar wusste ich von Weinseminaren, aber von Bierkursen hatte ich bis dahin noch nicht gehört. Das Land nimmt für sich in Anspruch, in vielen Dingen etwas Besonderes zu sein, und untermauert dies, indem es mehr als vierhundert Biere anbietet, manche Quellen sprechen von sechshundert Sorten. Wer lieber beim Pils bleiben will: Bitte schön, es wird in jedem Gasthaus oder Café ausgeschenkt, aber der Besucher greift lieber zum Saison- oder Spezialbier. Der Pilsbierabsatz ist rückläufig, aber dafür steigt die Frage nach ausgefallenen Sorten, die mit Kreativität und Erfahrung hergestellt werden. So kann es passieren, dass der Wirt gerade kein Oude Geuze Boon, Orval oder Westmalle Tripel im Angebot hat, weil sein Vorrat leer getrunken ist.

Diese obergärigen Biere trinkt man weniger gegen den Durst, sondern für den Genuss, und wer solch ein Bier nur einfach lecker findet, der hat vom Bier nichts begriffen. Man muss es beschnuppern und gegen das Licht halten, aber nicht mit der Zunge zerkauen, wie es der Weinkenner bei seinem rituellen Firlefanz macht. Ein Bier enthält Bitterstoffe, die aus Hopfen und bei den dunkleren Sorten aus gebranntem Malz bestehen. Die dafür zuständigen Geschmackssensoren befinden sich hinten im Hals. Daher muss ein Bier geschluckt werden, um es zu schmecken, und nicht wie der Wein gewalzt. Je länger dieser Abtrunk anhält, desto besser ist das Bier. Ein Brauer hat viele Möglichkeiten, und die beginnen beim Wasser und führen über Dutzende von Malzsorten und Hopfenrassen, Hefekulturen und eventuell Kräuterzusätzen. Er kann guten Weizen nehmen, aber auch Mais oder Reis, er kann kombinieren und den Brauprozess beeinflussen. Was für Weine gilt, eine eigene Glasform für jede Traube, das gilt nachdrücklich auch für Biere. Für jede Marke das entsprechende Glas. So werden Abdij- oder Trappistenbiere in kelchförmigen oder Cognacschwenkern ähnlichen Gläsern serviert. Das Duvel, ein erlesenes Weißbier nach einem komplizierten Brauverfahren aus böhmischem Hopfen und dänischem Malz hergestellt, bei dem man die angenehmen 8,5 Prozent Alkohol spürt, wird wegen der üppigen weißen Schaumkrone aus einem hohem Glaskelch getrunken.

Wie bildhaft und bibelfest die flämische Sprache ist, lernt der Gast auch beim Bier. Wir können einen »Lucifer«, »Judas«, »Augustijn«, »Pater Lieven« den »Plötzlichen Tod« kommen lassen oder aber die »Verboden Vrucht« wählen: auf dem Etikett die Paradiesszene von Peter Paul Rubens, in der Eva ihren Adam nicht mit einem Apfel, sondern mit einem Glas Bier verführt. Besonders fein sind die sechs berühmten Trappistenbiere, die noch in den Zisterzienserklöstern von Orval, Rochefort, Chimay, Westmalle (der Alkoholgehalt liegt zwischen sieben und elf Prozent, die Farbskala reicht von Blond über Braun bis Schwarz), Westvleteren (gibt's fast nur im Gasthaus beim Kloster) sowie seit Kurzem Hamont-Achel gebraut werden. Et maintenant, une bière.

Ganz oben und weit weg –
das gläserne Babylon

Die schönste Szene aus dem »Hitchhiker's Guide to the Galaxy« ist die mit dem superintelligenten Computer, der DIE Antwort auf das Leben, das Universum und alles andere auch geben soll. Der Computer rechnet siebeneinhalb Millionen Jahre, und die Antwort lautet: zweiundvierzig. Entsetzt rufen fi~Galaxis-Anhalter: »42? Ist das alles nach siebeneinhalb Millionen Jahren Rechenarbeit?« Der Computer erwidert: »Ehrlich gesagt, denke ich, das Problem ist, dass ihr nie gewusst habt, wie die Frage präzise lautet.« Den Sinn des Lebens einmal außer Acht lassend, sind manche Dinge einfach schwierig zu erklären. Dazu gehört auch die Frage, was die EU-Gründungsstaaten damals bewogen hat, Brüssel zur europäischen Hauptstadt zu machen.

Über die Gründe kann ich nur spekulieren: Vielleicht, weil Brüssel kulinarisch eine gute Adresse ist? Weil die Bewohner als von lässiger Liberalität geprägte Menschen gelten und einen Hang zum zivilisatorischen Anachronismus haben, der gut zu Europa passt? Vielleicht auch, weil die Stadt im französischen Einflussgebiet liegt und die Franzosen gerne Macht ausüben? Vielleicht auch, weil niemand der größeren EU-

Gründungsmitglieder den anderen Großen die Hauptstadt Europas gönnte. Vielleicht wollte man es auch einfach gern überschaubar und nett haben, wie es Europa in jenen Tagen in Bonn vorgemacht wurde.

Heute spielen die europäischen Instanzen in Brüssel Monopoly. Etwa im Leopoldsviertel, das im 19. Jahrhundert als erster Bezirk außerhalb der Stadtmauern angelegt wurde: gerade Straßen, rechteckige Plätze sowie, für die damalige neue Elite, Stadtpaläste im klassizistischen Stil, mit hohen Portalen für die Kutschen. Inzwischen schaut das Viertel mit seiner harmonischen Altbebauung runtergewohnt aus und wird von modernen Zweckbauten überragt. Rechts und links des Bahnhofs Gare du Quartier Léopold, aus dem einst die Orientexpress-Kurswagen abführen und von dem nur die denkmalgeschützte Fassade erhalten ist, erheben sich die gläsernen Bauten für Europas neue Gastarbeiter. Ein versöhnliches Bild nur, wenn hoch am Himmel, waagerecht wie eine silberne Barke, der Halbmond liegt.

Bürobauten altern bekanntlich schneller als Wohnhäuser, und so entsteht jetzt die zweite oder bereits die dritte Generation. Das nach menschlichem Maß erbaute elegante Quartier wurde bedenkenlos einer einzigen Organisation geopfert mit Hotels, Restaurants, Appartementhäusern, Bürogebäuden sowie Edelbordellen. Auch mit architektonisch gläsernen Bauwerken kann man Menschen erschlagen. Auch deswegen halten sich meine europäischen Leidenschaften in Grenzen.

Zum Glück hat König Leopold II. die Stadt mit Bauwerken und Plätzen verschönert. Auf seine Veranlassung bekam die Stadt ein noch heute bewundertes Wahrzeichen. Zum 50-jährigen Bestehen des Staates ließ er als Geschenk an die Bürger seines Landes einen Park anlegen, der am Rande des Europaviertels und im Blickwinkel der EU-Mächtigen liegt: den Parc du Cinquantenaire oder im Flämischen Jubelpark genannt. Der sechzig Meter breite und fünfundvierzig Meter hohe Triumphbogen ist von Weitem zu erkennen, und im Park befindet sich einer der größten Museumskomplexe Europas. Dem Beispiel von Leopold sind die europäischen Politiker nicht gefolgt, als sie das 50-jährige Bestehen der EU am 25. März 2007 in Berlin gefeiert haben. Wir Europäer bekamen keinen Park, nicht einmal einen freien Tag oder eine Einladung zum Galadinner.

Die EU-Politiker folgen der Bauwut des Königs und überraschen uns mit dem eine Milliarde Euro teuren Glaspalast des Europaparlaments, der wegen seiner Form »Caprice des Dieux« heißt nach dem gleichnamigen Camembert. Die verspiegelte Front dieser »Laune der Götter« erlaubt keine Einblicke in die geschlossene Gesellschaft. Natürlich ist es gut, dass das Parlament behindertengerecht gebaut wurde und dass kein Naturholz aus der Dritten Welt verwendet werden durfte, aber es stimmt bedenklich, dass ein Gebäude von großer symbolischer Bedeutung so abgeschottet wie ein Raumschiff wirkt. Der Europäische Rechnungshof hatte ausgerechnet, dass der Arbeitsplatz eines EU-Abgeordneten jährlich etwa das Vierfache eines Arbeitsplatzes in der Wirtschaft kostet. Vieles im EU-Viertel erinnert an Franz Kafkas »Der Prozeß«, in dem der Protagonist des Romans, Josef K., in einer Ansammlung grauer Gebäude an der Undurchdringlichkeit bürokratischer Übermacht scheitert.

Immer wenn ich bei strahlender Sonne an den gläsernen und gesicherten Gebäuden zwischen den hastenden Gestalten entlangspaziere, ist mir kalt. Kalt, ungemütlich und obdachlos. Oder um den Philosophen Peter Sloterdijk zu zitieren: »Der europäische Mantel ist zu groß.« Das Viertel verwirrt mich. Nicht zu viel Lebensfreude ausstrahlen, nicht mit Erfolgen prahlen, scheint die Devise. Dafür ein abgeschottetes Europa ohne Publikum. Während das Volk an Selbstbewusstsein gewonnen hat, ringt die politische Elite um ihre Glaubwürdigkeit.

Darüber, wie Europa den Bürgern nähergebracht und wie Vorurteile abgebaut werden könnten, muss sich die Abteilung

Kommunikation den Kopf zerbrechen. Im EU-Infozentrum können Sie sich informieren. Dort liegen bunte und flott geschriebene Europaprospekte aus. Sie erfahren beispielsweise, dass am 9. Mai Europatag ist und dass es einen Kummerkasten beim europäischen Ombudsmann gibt. Der Beauftragte für Bürgernähe und sein Team sollen dafür sorgen, dass jede Beschwerde gegen eine europäische Institution geprüft und ernst genommen wird. Ein Job, der vor allem Geduld erfordert, denn der Auftrag des Ombudsmannes ist es, zur »freundlichen Lösung« von Konflikten beizutragen.

Dass es nicht so schwer sein kann, die Sympathie der Brüsseler zu erhalten, haben wieder einmal die Bayern bewiesen. Nachdem sie dem nackten Manneken Pis die erste Uniform geschenkt hatten und nach einer Wittelsbacherin, Königin Elisabeth, ein berühmtes Brüsseler Musikfestival benannt ist, haben sich die Bayern mit ihrer Landesvertretung erneut positiv in Szene gesetzt. Vom »Schlösschen« wird anerkennend gesprochen. Auch die Denkmalschützer sind voll des Lobes über die sorgfältige Restaurierung der Anlage im Leopoldpark. Für einige ist es dagegen »Neu-Wahnstein«, aber Neider gibt's immer. Auf dem Parkweg vor den Spiegelglastürmen sieht man das gepflegte Anwesen mit der weißblauen Bayernfahne. Die großbürgerliche Villa mit Erkern und Türmchen, im Château-Stil erbaut, war einst das Institut Pasteur, in dem unter anderem der Erreger des Keuchhustens entdeckt wurde. Heute ist sie Sitz der bayerischen Vertretung, idyllisch und strategisch gelegen und ein wohltuender Kontrast zu den Spiegelbauten. Der Innenhof ist eingefasst von Rosenrabatten. Frisch polierter Ardenner Sandstein prägt die Fassade. Es gibt eine Bierstube, und von der Güte fränkischer Weine können sich Bayerns Gäste auch überzeugen. Die Repräsentationsräume sind mit Kostbarkeiten aus der Nymphenburger Porzellanmanufaktur sowie mit Gemälden aus dem Landesfundus ausgestattet. Es kann kein Zweifel bestehen: Die rund dreißig Millionen Euro, die der Freistaat in seine EU-Botschaft investiert hat, machen sich bezahlt, denn je größer die EU-Nähe und je herzlicher die Gastfreundschaft, desto näher dran ist man am europäischen Geschehen. Schade eben nur, dass die feine Adresse so eingezwängt zwischen den EU-Glaspalästen liegt.

Sterne symbolisieren die Europäische Union, und das dürfte den sternförmigen Grundriss von La Berlaymont, in dem die Kommission residiert, erklären. Das Gebäude trägt den Namen eines früheren Nonnenklosters, das die Frau des Grafen von Berlaymont an dieser Stelle gründete. Für den Brüsseler Volksmund ist es das »Berlaymonstre«, das Monster. Jahrelang war es verhüllt, weil es von Rost und Asbest gereinigt werden musste. Dabei sorgten die Architekten Steven Beckers und Pierre Lallemand für noch mehr Symbolik: Der Kommissionsbau ist transparent und umweltfreundlich gestaltet. Recyceltes Regenwasser spült die Toiletten, bewegliche Glaslamellen regeln Licht und Heizung in den Büros, und die verbrauchte Luft der Klimaanlage wärmt die Tiefgarage.

Ein Schauspiel der besonderen Art ist es, wenn ein Weinlaster vor der Einfahrt warten muss, bis die EU-Größen in ihren glänzenden Limousinen aus der Tiefe des Hauptquartiers herausgefahren sind. Da rufen sie ständig zur Rettung des Weltklimas auf, benutzen aber schwere Dienstwagen, und in ihrer Freizeit brausen sie durch die Straßen im Geländeauto. Diese Privatecruiser blasen dreimal mehr Kohlendioxid in die Luft, als die Herren der Kommission allen Neuwagen bis 2012 zugestehen wollen. Da ist es beruhigend zu wissen, dass die umweltfreundliche Architektur ihres Hauses preisgekrönt wurde. Andererseits sei die Kommissionszentrale durch Schlamperei auf höchster Ebene viele Millionen Euro teurer ausgefallen als geplant, kritisierte die EU-Antibetrugseinheit OLAF. In der Kanzel, im dreizehnten Stockwerk, residiert der EU-Kommissionspräsident über rund zwanzigtausend Mitarbeiter und etwa dreitausend Dolmetscher und Übersetzer. Das Machtzentrum ist der »Ausschuss der Ständigen Vertreter«. Dort feilschen die Botschafter der Mitgliedsländer im Namen ihrer Regierungen um Geld und politischen Einfluss. Kein Beschluss des Ministerrates, der nicht vorher vom »Club der 27« hin und her gewälzt worden wäre. Trickreiche und phantasievolle Mitglieder können in der Grauzone zwischen Diplomatie und Politik den Gang der Dinge durchaus in die eine oder andere Richtung lenken.

Der Apparat, den der Chef der Verwaltung steuert und der das Kommissionskabinett koordiniert, residiert im Breydel-Hochhaus. Hier wird der EU-Haushalt von fast einer Billion Euro, der für sieben Jahre zur Verfügung steht, verwaltet, und es werden die Subventionen verteilt. Für Tabakpflanzer und Anti-Raucher-Kampagnen, für Autobahnen und Umweltschutz, für Almbauern, gemeinsame Regeln für die Zulassung gentechnisch veränderter Pflanzen und so weiter. Auf den Kanaren oder in Polen schmücken blaugelbe Schilder mit der Europaflagge Klärwerke oder Straßenränder, damit der Europäer weiß, wo sein Geld verbuddelt wird. Die eigentlich Mächtigen aber sind die Beamten, und dadurch sind die Machtverhältnisse in eine Schieflage geraten, denn ihre Mentalität passt nicht in ein demokratisches Europa. Die Verwalter müssen radikal umdenken, um »Europa« nicht zu gefährden. Als der deutsche Kommissar Günter Verheugen Kritik am undurchsichtigen Apparat geäußert hat, wurde der Kritiker als Nestbeschmutzer beschimpft, wurden hässliche Intrigen gegen ihn gesponnen. Europa entscheidet. Jeden Tag. Die EU beschäftigt sich mit allem Möglichen, aber Themen wie Bildung, Integration, Innovation, Kriminalität oder Kultur, darum geht es zu wenig. Wenngleich es Lichtblicke gibt.

Etwa bei der EU-Forschungsförderung. Ziel des neu geschaffenen Forschungsrates ist die Überbrückung der Kluft zwischen Europa und Amerika. Zu verdanken ist dies den Bemühungen des jetzigen Generalsekretärs Ernst-Ludwig Winnacker von der Münchner Universität. Der Wissenschaftler hat gegen den mächtigen Apparat durchgeboxt, dass nicht

Beamte, sondern Wissenschaftler über die Verteilung der EU-Forschungsgelder entscheiden und dass außer der Auftragsforschung auch die Grundlagenforschung gefördert wird. Winnackers European Research Council (ERC) baut auf den Tatendrang und die Begeisterung der neuen Forschergeneration und hofft, dass europäische Nachwuchswissenschaftler nicht mehr auswandern.

»In den sechziger Jahren nahmen die Europäer von Brüssel Besitz. Der Bürokratie folgten die Interessenvertreter. Lobbyisten sind seit Beginn in Brüssel präsent. Den Kaufleuten folgten die Diplomaten«, schrieb die *FAZ*, die Zeitung für den Ernst des Lebens, im März 1986 und kam zu dem Ergebnis, »nicht das übergeordnete europäische Interesse« gebe den Ausschlag, »sondern der Kompromiss, den alle noch gerade mittragen können. Die EU ist heute eine Versicherung auf Gegenseitigkeit. Sie strebt zu neuen Ufern, bleibt aber meistens im Schilf hängen. In Brüssel, dem heimlichen – und für manchen unheimlichen – Machtzentrum, wird unverdrossen die Europafahne hochgehalten.« Inzwischen zählt die EU siebenundzwanzig Mitglieder.

Der Brüsseler Intrigantenstadl, in dem die einen vom grünen Europa träumen, die anderen vom Neoliberalismus, ist seit den Anfangsjahren vom französischen Verwaltungsstil geprägt. Dieser Stil hat zu einem Geflecht persönlicher Kumpaneien geführt, bei denen gute Beziehungen so wichtig waren wie die Luft zum Atmen. Mit den Erweiterungen dürfte das allerdings wohl der Vergangenheit angehören. In den letzten Jahren haben junge Talente Brüssel als Karriereleiter entdeckt. Internationale Erfahrungen gehören zum Pflichtprogramm und Einsatzorte im Ausland machen sich gut auf dem Curriculum Vitae. Außerdem hat sich herumgesprochen, dass berufliche Tätigkeit in Lobbyistenbüros, Unternehmen oder Außenstellen der deutschen Länder, bei internationalen Institutionen oder Handelskammern oft mehr bedeuten können als ein Prädikatsexamen.

Schlecht ist der Standort Brüssel für die akademischen Gastarbeiter nicht, aber die EU macht es Interessenten nicht leicht, in ihren exklusiven Club aufgenommen zu werden. Noch keine drei Prozent aller Bewerber bestehen den Concours, den strengen Auswahlwettbewerb. Die ganz Cleveren bereiten sich in Spezialkursen auf die Prüfungen vor, die aus einem Multiple-Choice-Test über die EU in einer Fremdsprache, einer schriftlichen Prüfung in der Muttersprache und schließlich einem dreisprachigen Jurygespräch bestehen, in dem die europhile Meinung getestet wird. Jobs bei der EU-Kommission, bei EU-Abgeordneten, im Europäischen Parlament oder bei Non-Governmental Organizations (NGOs) sind heiß begehrt, auch für Praktikanten, die jedoch oft als billige Hilfskräfte angesehen werden. Viele Parlamentarier bezahlen ihren Praktikanten, die auch als Mutterschutz- oder Krankenvertretung eingesetzt werden oder in den Ausschüssen arbeiten, wenig oder gar nichts.

Es bewerben sich übrigens mehr Frauen als Männer für die höchsten Posten der EU. Deutschland und England sind entsprechend ihrem Bevölkerungsumfang innerhalb des EU-Apparates unterrepräsentiert, und das wirkt sich negativ für ihre nationalen Belange aus. Andere Länder wie Frankreich, Portugal, Österreich, Dänemark, vor allem aber Italien haben den Nutzen der EU für ihre Landesbelange deutlicher erkannt als die Deutschen. Ihnen, vor allem den Jüngeren, die hier stationiert sind, wird nachgesagt, sie seien zu sachorientiert, zu ungeduldig oder zu besserwisserisch. Sie werden aber auch als kollegial und hilfsbereit umschrieben und bringen viel Neugier und Empathie mit.

Für viele Regierungsbeamte ist Brüssel ein Zwischenstopp, man weiß nie, wie lange man bleibt und wohin einen der Beruf führen wird. Aufgrund dieser unsicheren Situation des Kommens und Gehens bleibt wenig Zeit, engere Beziehungen zu Menschen oder zur Stadt aufzubauen.

Schätzungsweise hundertfünfzigtausend »Europäer« leben

in Sichtweite des Atomiums. Sie, die die Maschine Europa am Laufen halten, sollten eigentlich das neue Europa vorleben. Sicher, in Brüssel vermischen sich Kulturen, Sprachen und Eigenschaften der Mitgliedsländer, nicht nur politisch, sondern auch persönlich. Manche haben einen Partner aus einem anderen Land und sind mit anderen Ausländern befreundet. Und dennoch, der Großteil bleibt unter sich. Spanier unter Spaniern, Polen unter Polen, Deutsche unter Deutschen. Sie haben ihre eigenen Einrichtungen, Kindergärten und Vereine. Wer ein griechisches Buch haben will: kein Problem. Wer von einem portugiesischen Reitlehrer unterrichtet werden will: kein Problem. Außerdem gibt es Makler, Reisebüros, Büchereien und so weiter, die auf Sonderwünsche spezialisiert sind. Eigene Blätter wie *The European Voice* und *The Bulletin* halten sie auf dem Laufenden. Nutznießer scheinen die Kinder zu sein, die Eurokids, die zwei- oder dreisprachig aufwachsen und ohne Schwierigkeiten von einer Sprache in die andere wechseln. Und wenn ich sie frage, woher sie kommen, sagen sie pragmatisch: »Aus Brüssel.« Auf der Grenze von Kosmopolitismus und Individualismus suchen die neuen Europäer ihre Identität.

Die meisten Europäer fühlen sich hier pudelwohl. Behaupten sie jedenfalls. Aber das ist die halbe Wahrheit, wie wir bei einem Besuch des Community Help Service im Stadtteil Elsene erfahren. Diese ehrenamtliche NGO hilft den Ausländern, die unter einem Kulturschock leiden. In den Sprechstunden können sie ihr Herz ausschütten. Vorwiegend geht es um Einsamkeit, Verlust des »Nestgefühls« und Karrierestress. Es sind vor allem Frauen – ambitioniert, anspruchsvoll, gut aussehend und motiviert –, die es schwer haben, obwohl es ihnen scheinbar an nichts fehlt: Sie arbeiten in einem interessanten Job, genießen Ansehen, verdienen gut und haben einen großen Bekanntenkreis. Aber in Brüssel leben, so klischeehaft es klingen mag, zu wenig Männer, die dem hohen Erwartungsniveau dieser Frauen genügen könnten.

Der Europäer wichtigstes Handbuch ist ihr Adressbuch. Mit Telefonnummern von Freunden, Bekannten und Kontaktpersonen und auch von Restaurants, denn wo kann man sich zwangloser kennenlernen, besser der Einsamkeit entfliehen oder schneller Frust loswerden als in den Tavernen der Stadt? Dort findet es statt, ein tägliches Networking aus Empfängen oder Essen, Lobbying oder Recherchen oder Kollegentreffen. Ein beliebter Treffpunkt ist »Chez Bernhard«, Jourdanplein. Das Café ist auch Informationsbörse deutscher Praktikanten, die sich hier einmal wöchentlich treffen. International berühmt ist die Pommesbude »Maison Antoine« auf dem Platz. Hier wirkt die normative Kraft des Nationalgerichts, Fritten, hier steht das Regierungspersonal mit der Pommestüte und bekleckert sich seine dunkelblaue Arbeitskleidung schon mal mit fetter Mayo. »Maison Antoine« ist so bekannt, dass es auch in dem EU-Umweltcomic »Troubled Waters« (»Trübe Wasser«) vorkommt.

Brüssel ist die Stadt der Stripzeichner. Was lag da näher, als auch eine Bildergeschichte zur politischen Aufklärung zu machen – ein EU-Projekt, das Lob verdient. Das Thema ist ein Umweltskandal, die Zielgruppe: junge Europäer. Gegen alle Interessen und Einflüsterungen von Lobbyisten der chemischen Industrie wurde das eine halbe Million Euro teure Projekt im Europaparlament durchgeboxt. Es ist in elf Sprachen, auch auf Deutsch, erschienen. Ich vermisse zwar den hintergründigen Humor, der einen guten Brüsseler Comic auszeichnet, aber immerhin gibt es den interpretationsfähigen Hinweis: »Die in dieser Geschichte dargestellten Abenteuer sind zwar reine Fiktion, die beschriebenen Verfahren entsprechen jedoch der Wirklichkeit.«

Die Brasserien, Winebars, Irish Pubs oder Snackbars, die sich rund um die Kommissionsgebäude angesiedelt haben, bilden das Ökosystem der Lobbyisten. Ihre Zugangsausweise oder Akkreditierungen baumeln Auszeichnungen gleich um ihren Hals: Zutritt zu den Vorzimmern der Macht signalisieren diese Plastikschildchen, die mit Stolz getragen werden. Der Einfluss der Einflüsterer ist größer denn je, denn sie befriedigen eine wachsende Nachfrage. Auf ihren Visitenkarten steht »Repräsentant«, »Political Consultant« oder auch nur »Berater«.

Sie alle sind treue Kunden der Lokale, denn als Interessenvertreter müssen sie die Wünsche ihrer Auftraggeber im EU-Betrieb effizient durchsetzen. Daher war es für die Wirte ein Schock, als man sich darauf einigte, dass am Tage nur ein Mal auf Spesen gut getafelt werden durfte. Das heißt, ein mehrgängiges Menü mit guten Weinen, Aperitif und Digestif. Wer erfahren will, was für Entscheidungen anstehen und wo die politischen Mehrheiten entstehen, der geht ins Restaurant und nicht ins Parlament. Expolitiker und Exmanager mit üppigen Pensionen versilbern ihr Insiderwissen und ihre Kontakte für Tagessätze um zweitausend Euro plus Spesen. Wirtschaftsführer haben erkannt, dass sich mithilfe der Lobbykratie Milliarden verdienen lassen, wollen Einfluss und Gesetzgebung nach ihren Regeln bestimmen. Rund um die Legislative und Exekutive Europas wuselt ein weltweit einzigartiges Biotop von Interessenorganisationen. Ihre Zahl wird auf fünfzehntausend geschätzt, Personen, die in erster Linie für Industrie und Banken tätig sind. Dazu gesellen sich auf europäisches Recht spezialisierte Anwaltsbüros, Kommunikationsfachleute, Gewerkschaften, die multinationale Organisation Greenpeace sowie schätzungsweise hundertvierzig Nicht-Regierungsorganisationen, jene NGOs. Zu den Beweggründen für eine Lobbyistentätigkeit verriet der »Berater« und Regierungssprecher von Helmut Kohl, Friedhelm Ost, dem *SPIEGEL*: »Ich vertrete gar keine Interessen, ich vertrete meine Interessen.« Für den Verbraucher setzen sich vierzig nationale Verbände ein, vereinigt in der Europese Consumentenorganisatie (BEUC). Rein rechnerisch kommen auf hundert Lobbyisten ein Mitarbeiter, der sich für Europas Konsumenten engagiert.

Es gilt nicht als chic, über Geld zu sprechen. Das Thema ist zwar nicht vollkommen tabuisiert, aber zu fragen, was man eigentlich bei der EU verdient, gilt als unüblich, und die Antworten sind ausweichend. Das Durchschnittsgehalt liegt bei 120 000 Euro – netto. Ein Topbeamter verdient etwa sechzehntausend Euro im Monat. Brutto, aber das ist ein europäisches Brutto, denn in Brüssel gelten besondere Steuertarife. Dazu kommen zahlreiche Extras: etwa die Auslandszulage, steuerfrei Einkaufen, Wohnungszuschüsse, eine nicht zu hohe Krankenversicherung und die Möglichkeit der Frühpensionierung. Für Kinder gibt es großzügig bemessene Unterstützungen und Schulgeld. Nachtsitzungen oder Wochenend-Nachsitzen werden mit Zuschlägen und Freizeitregelungen vergütet. Alles sorgfältig abgesichert und von den Beamten-Gewerkschaften verbissen verteidigt. Begründet werden die Gehälter mit der Konkurrenz durch internationale Organisationen. »Und in diesem Licht«, so die EU-Kommissarin Margot Wallström, »sind unsere Beamten nicht überbezahlt.«

Die wirklichen Helden in Europas Babelturm sind jedoch die Dolmetscher und Übersetzer: Ohne sie würde das gesamte Räderwerk stillstehen. Sie bevölkern diese Spielwiese der Sprachbegabten, die hier staatstragendes Selbstbewusstsein praktizieren können. Vorausgesetzt wird ein »gelassener Charakter«, sie müssen belastbar, neugierig und kontaktfreudig sein sowie über ein gutes Kurzzeitgedächtnis und über das theatrale Talent eines Schauspielers verfügen. Eine einzige übersetzte Seite kostet zwischen hundertzwanzig Euro (Abgeordnete) bis zweihundertachtzig Euro (Ministerrat). Jeder kann sich ausrechnen, wie hoch die Kosten sind, wenn man bedenkt, dass jährlich etwa zweieinhalb Millionen Seiten übertragen werden.

Von den in Europa am meisten gesprochenen Sprachen hat es Deutsch, mit dreiundachtzig Millionen Sprechern die verbreitetste europäische Muttersprache, schwer, sich in den EU-Institutionen neben Englisch und Französisch zu behaupten:

Etwa drei Prozent verständigen sich auf Deutsch, fünfzehn Prozent bevorzugen Französisch, und drei Viertel aller Mitarbeiter kommunizieren auf Englisch. Wie der Sprachkoordinator Deutsch sagte, hat sich die Bundesregierung zum Ziel gesetzt, Deutsch als Arbeitssprache in den EU-Institutionen zu fördern. Das Goethe-Institut in Brüssel soll federführend auftreten und Beamte und Führungspersonal mit der Muttersprache von Mozart, Heine, Einstein und Papst Benedikt XVI. vertraut machen.

Im Gründungsvertrag der EU von 1957 wurden alle Sprachen der Mitgliedsländer für gleichberechtigt erklärt, was einst als kulturelle Vielfalt gelobt wurde. Dreiundzwanzig EU-Amtssprachen gibt es inzwischen. Unlängst ist Irisch-Gälisch hinzugekommen. Über die Etablierung dieser keltischen Sprache in Brüssel, die jährlich rund dreieinhalb Millionen Euro kostet, hatte man sich im Januar 2007 besonders gefreut und das Ereignis in Bonn gefeiert. Warum gerade in der ehemaligen Hauptstadt am Rhein? An der Bonner Universität wird Keltologie gelehrt. Als Irland 1973 der EU beitrat, wagte Dublin es noch nicht, das Keltische als offizielle Sprache zu beanspruchen. Inzwischen ist die Insel reich und selbstbewusst geworden. Die irische Regierung begründete die Einführung des Keltischen damit, dass es die Nationalsprache, »die erste offizielle Sprache« des Landes sei, obwohl das Gälische nur etwa fünf Prozent der Iren beherrschen. So dürfte es nur eine Frage des nationalen Prestiges sein, wenn demnächst Baskisch, Korsisch oder Friesisch zu offiziellen Amtssprachen promoviert werden.

Aber auch Italiener, Spanier und die Österreicher setzen sich dafür ein, dass ihre Sprachen mehr Beachtung finden. Dem Übersetzungsdienst, Abteilung Terminologie, Sprachkoordination Deutsch, liegt seit Jahren ein Glossar für »Ausdrücke des öffentlichen Bereichs in Österreich« mit insgesamt elftausend Begriffen vor. Es enthält spezielle Wörter wie »Erdäpfel«, »Marillen«, »Topfen« oder »Vogerlsalat«. Ist diese Ansammlung von Kochzutaten nun Schildbürgerei oder Ausdruck nationaler Identität? Andererseits ist das österreichische Hochdeutsch keine Randerscheinung wie das Schweizerische oder das flämische Niederländisch. Die Vereinten Nationen kommen mit sechs Sprachen aus, aber die Europäer zermürben sich in ihrem babylonischen Turm.

Dennoch – die Stimmung für Europa wird besser, und die EU bekommt von Europäern gute Noten. Aus dem »Eurobarometer« vom Sommer 2007 geht hervor, dass die Bürger Vertrauen in die europäische Wirtschaft haben. 57 Prozent der Befragten halten inzwischen die EU-Mitgliedschaft ihres Landes »für eine gute Sache«. Mit 65 Prozent Zustimmung stehen die Deutschen an der Spitze der Europafreunde.

Parallelwelt Marollen und Matonge

Sie hängt beinahe in der Luft, die größte Kuppel, die Europa je gesehen hat. Der Baukönig Leopold II. hat den Justizpalast in den Siebzigerjahren des 19. Jahrhunderts errichten lassen. Über diesen gewaltigen Steinberg das Richtige zu sagen fällt schwer. In diesem Bauwerk drückt sich gleichzeitig königlicher Hochmut, politische Macht, bürokratische Arroganz – aber auch der Glaube an die Zukunft aus. Weithin sichtbar, auf dem ehemaligen Galgenberg und damit hoch über den Marollen, dem alten Volksviertel, erhebt sich das Gericht, um ein Drittel größer als der Petersdom. Der größte Monumentalbau des 19. Jahrhunderts beherrscht das Stadtbild wie die Golden-Gate-Brücke San Francisco. Wohl niemand, der von dieser baulichen Stillosigkeit nicht fasziniert wäre. Orson Welles wollte in dieser Kulisse Kafkas »Prozeß« verfilmen. Dazu ist es aber leider nie gekommen.

Von der Riesenhaftigkeit des Gebäudes sollte man sich nicht einschüchtern lassen, sondern es sich von innen anschauen und durchwandern. Gehen Sie, nein, schreiten Sie durch das zehn Meter hohe hölzerne Eingangsportal. Einen Rundgang durch den eklektizistischen Steinklotz des Architekten Joseph Poelaert, der gnadenlos ägyptische, griechische und römische Architekturstile mit ionischen, dorischen und anderen Säulenarten mischte, kann jeder machen, ohne aufgehalten zu werden. Schon während der Bauarbeiten protestierte das Volk und nannte Poelaert einen »skieven« Architekten. Seitdem ist *skieven* ein Schimpfwort für Architekten. Mit seinem Ausspruch. »Architekten, alles Schwachköpfe! Vergessen immer die Treppen im Haus«, kommentierte Gustave Flaubert die allgemein üblichen Ressentiments seiner Zeit gegenüber der Baukunst.

Vom Hauptsaal, Salle des Pas Perdus, mit seinem Mosaik aus Ardenner Marmor, hat man einen schwindelerregenden Blick in die einhundertundvier Meter hohe Kuppel. An Skulpturen, Bronzebüsten und Swastikas, universellen Sonnen- und Fruchtbarkeitssymbolen, herrscht kein Mangel. Fast alle der etwa sechshundert Zimmer und Büros haben Tageslicht. Es gibt siebenundzwanzig Gerichtssäle : »Wirtschafts-«, »Militär-« oder »Friedensgericht« steht in alten Lettern über den mit abgestepptem Leder gepolsterten Türen. Über einem Raum ist »Kriegsrat« zu lesen. Der »Hof van Cassatie« ist der schönste Saal. Sollte man sich in dem Wirrwarr von Treppen und Räumen verlaufen, wird man, da die Eingangstür am Abend verschlossen ist, hoffentlich auf das Holzschild »Sortie rue aux Laines« stoßen : Rund hundert Meter weiter führt ein stets geöffnetes Holztürchen in die Freiheit.

Von der Brüstung des ehemaligen Galgenberges hat man einen Panoramablick über die Stadt, zum gotischen Rathausturm, zum glitzernden Atomium und zum Marollenquartier. Treppen und schmale Stege verbinden die Ober- und Unterstadt. Vorbei an versteckten Winkeln und verfallenen Art-nouveau-Gebäuden gelangen Sie durch ein mittelalterliches Labyrinth von Gassen in die Hoogstraat / Rue Haute, in der Pieter Bruegel von 1563 bis zu seinem frühen Tod im Jahr 1569 wohnte. Eine Gedenktafel an dem Giebelhaus erinnert an den »Bauern-Bruegel«. Nachdem er die Tochter seines

Lehrers geheiratet hatte, war er von Antwerpen nach Brüssel umgezogen. Der Künstler, der fast in Sichtweite, in der Kirche Notre Dame de la Chapelle, begraben liegt, hat in seinem Viertel viele seiner gemalten Typen – Händler, Trinker, Krüppel, Mädchen, Akrobaten, Gauner und Spanier – hautnah erlebt.

Der Kontrast zu anderen Vierteln könnte nicht größer sein. Während die monströse Architektur des Justizpalastes die Bauwut des 19. Jahrhundert verinnerlicht hat, vermitteln die Marollen den Eindruck einer osteuropäischen Stadt. Hier herrscht eine vollkommen andere Mentalität als die, die man in anderen Brüsseler Vierteln antrifft. Hier leben Menschen, die weder Perspektiven noch Geld haben. Die Marollen verdanken ihren Namen dem Maricollen-Orden, Nonnen, die sich vor dreihundert Jahren um die sogenannten »gefallenen Mädchen« kümmerten. Die echten Marolliens sind Urbrüsseler, sprechen einen Dialekt, in dem spanische und jiddische, französische und flämische Worte vorkommen. Sie gelten als herzensgut-schlitzohrige Menschen, die für ihre Freude am Feiern, für ihre lockeren Sitten, ihr ausgelassenes Treiben und ihren besonders herben Witz bekannt sind.

Obwohl die Hausbesitzer Subventionen für die Renovierung ihrer zum Teil arg runtergewohnten Immobilien kassieren könnten, warten sie lieber auf Spekulanten, die noch mehr bieten. Projektentwickler, die eine feine Nase für Trends und Geld haben, kaufen und restaurieren Häuser aus der Belle Époque, die dann von den neuen Europäern bezogen werden. Viele der Spekulationsobjekte stehen leer. Seelen- und arbeitslose Häuser, die ihren ausrangierten Bewohnern ähneln, die auf Bänken und Treppen sitzen und sich über das Vergangene unterhalten. Über eine Zeit, in der sie selber noch Ladenbesitzer, Busfahrer oder Tischler waren. In den Sozialämtern, hier OCWM genannt, stehen sie sich jetzt die Füße bleischwer, um alle Papiere zu bekommen, damit sie Sozialhilfe oder Mietzuschüsse erhalten. Einer von vier Brüsselern ist arm.

Wenn man Glück hat, trifft man auf Clement, der mit seiner Handkamera seit Jahren durch das Viertel streicht, um zu dokumentieren, was verloren zu gehen droht. Er will das alltägliche Leben hinter den Mauern, auf den Straßen, in den Gassen und auf den Plätzen festhalten. Das Quartier passt bestens ins Konzept des Kulturtourismus. Ein surrealistischer Ort, in dem an Traumwelten kein Mangel herrscht. Wenn es um die unschönen Dinge des Lebens geht, ist mancher Besucher kaum noch zu halten.

Und so trifft man sich auf dem Vossenplein / Place du Jeu de Balle, dem täglichen Wühl- und Flohmarkt. Guten Trödel oder gar Antiquitäten findet man selten. Es sei denn, man steht früh auf, um noch vor den Antiquitätenhändlern da zu sein, die im Morgengrauen mit sachkundigem Blick und im Eilschritt die Stände ablaufen. Auch die Konkurrenz von Google und Ebay macht sich bemerkbar. Aber schon wegen der Stimmung lohnt sich der Rummelplatz. Anschließend kann man in einem der Cafés oder in den Kneipen rund um den Platz bei einem Bier oder einem Kakao das Treiben weiter auf sich einwirken lassen. Noch gibt es die Buden, in denen die Delikatesse *carricoles*, gesottene Schnecken, verkauft werden. Der Trinkfreudigkeit der Marolliens und ihrer Sehnsucht nach Geselligkeit ist es zu verdanken, dass es in den Gassen noch alte Cafés gibt, etwa »La Brocante«, »Jeanine«, »De skieven architek« und viele andere. Wie überall in der Stadt, gibt es auch hier Bettler. Manche haben ihre Stammplätze, und das bei Wind und Wetter. Einige kennt man bereits, und die erzählen, dass sie Münzen nur von anderen Armen erwarten können: Reiche geben nichts, die haben keine Seele und gucken irritiert weg.

Bei den Schnäppchen haben immer nur die anderen Glück. Mit dieser nicht ganz neuen Erkenntnis verlassen wir den Platz des bunten Durcheinanders. Wer hier nicht fündig wird, kann es auf anderen Flohmärkten probieren, denn Flandern ist noch immer eine Schatzkammer für Sammler. Etwa in

Tongeren, wo jeden Sonntag am mittelalterlichen Festungs-
wall Leopold einer der größten Trödel- und Antikmärkte
Europas das Publikum magisch anzieht. Hunderte Händler
verkaufen wirklich alles: vom Silber über Möbel bis zu altem
Blechspielzeug. Weitere spannende Flohmärkte, auf denen
man auch schon mal schöne Stücke aus der Belle Époque entdecken kann, gibt's in Brügge, Antwerpen, Gent und natürlich in den Antiquitäten- und Trödelläden. Nachschub ist
scheinbar genug vorhanden.

Es gibt zahlreiche Migrantengemeinschaften, die getrennt
leben und deren Grenzen ungeschriebenen Gesetzen folgen.
Etwa wenn man von den Marollen den Weg durch Sint Gilles / Saint Gilles folgt und sich in einem ähnlich »unperfekt«
wirkenden Viertel befindet. Die Grenzen zwischen den schicken Vierteln, also Postkode 1050 und 1060, und weniger netten sind künstlich, denn sie überlappen sich. Charakteristisch
aber ist, dass hier die schönsten neugotischen und Art-nou-
veau-Wohnhäuser stehen. In Sint Gilles, wo es so volkstüm-
liche Brasserien wie »Verschueren« oder »L'Union« gibt und
selbst die Gefangenen vom Gefängnis an der Ducpétiauxlaan
auf Herrenhäuser gucken können, wohnen auch Künstler und
Intellektuelle. Im angrenzenden Elsene / Ixelles, etwas vor-
nehmer, befindet sich Matonge. Man muss sich die Augen reiben, um sich zu vergewissern, dass man nicht in Kinshasa
gelandet ist.

Auch der Kontrast zu den Marollen könnte nicht größer
sein. Schon allein, weil sich kein Marollien in die Oberstadt
wagt und ein Matongese selten in die Unterstadt. Die Oberstadt zwischen der Louizalaan / Avenue Louise und der
Troonstraat / Rue du Trône beherbergt ein schwarzes Viertel,
durch das der Waversesteenweg / Chaussée de Wavre läuft.
Der Bezirk heißt wie das Arbeiter-, Musiker- oder Künstler-
viertel in Kinshasa: Matonge, und nirgendwo kommt man
dem afrikanischen Brüssel, das an die koloniale Vergangenheit
des Königreiches erinnert, so nahe wie hier. Sein stockflecki-

ger Mittelpunkt ist die Ladenpassage »Galeries Ixelles«: Ein schlauchförmiges Einkaufszentrum mit schmierigen Wänden und einer Luft zum Schneiden. Hier findet man besondere Läden wie etwa von Pietro Filio, der den bestsortierten Plattenladen für afrikanische Musik des Landes führt, ansonsten ist fast jedes zweite Geschäft ein Friseursalon oder ein Gemüseladen.

Das Afrikanerviertel, wo Menschen von den Kapverden leben, aus Ruanda oder Kamerun, vor allem aber aus dem Kongo, ist über Internet oder Telefon mit Afrika enger verbunden als mit dem Grote Markt in der Unterstadt. Die coolen Jungs und Goldkettchenträger verbringen einen Großteil ihrer Zeit mit Rumstehen und Gefährlichsein. Cabrios schieben sich durch die Gassen, die Männer tragen Zöpfe, die Frauen sind sorgfältig und farbenfroh in jene knallbunten Stoffe gekleidet, deren Namen und Muster viel über Status und Herkunft verraten. Bei ihnen gilt die Parole: Keine Brüsseler Mädchen, sondern Europäerinnen, denn die haben Geld. An Mauern kleben verwaschene Plakate, die zur Demo gegen den Krieg im Kongo aufrufen. Geschäftsleute werben mit Slogans wie »Specialisé sur le: Congo, Rwanda, Cameroun«. Eine No-go-Area ist dieses »Africalia« jedoch nicht, wie die gut besuchten Restaurants »L'Ultime Atome« oder »L'Horloge« beweisen. Legendär ist der Ruf der schwarzen Clubs: »Noir et Blanc«, »Anges noirs«, »Baninga« oder der »Mambo Club«. Abgesehen davon macht Matonge einen liebenswerten, wenn auch vernachlässigten Eindruck. Matonge endet abrupt hinter dem »Maison Africaine«, der ehemaligen Anlaufstelle für Flüchtlinge aus Kinshasa oder Timbuktu.

Die heruntergewohnte Verwahrlosung des selbstverliebten Viertels hat, wie manches in Brüssel, seinen Grund: Matonge grenzt ans EU-Viertel und liegt deshalb im Visier der Projektentwickler. Es ist wie mit den Mücken, die zu dicht ans Licht fliegen. Auch hier vollzieht sich die Zerstörung eines Wohngebietes nach bewährtem Plan: Die Mieten steigen, es wird nicht mehr investiert. Bewohner, die nicht weg wollen, werden schikaniert, bis sie aufgeben. Viele Fenster sind bereits vernagelt. Art-nouveau-Fassaden bröckeln, aus Dachrinnen grünt es, Geschäfte und Wohnungen stehen leer, und mittendrin der Sint Bonifatiusplein. Der reichere Teil der vielbeschworenen Parallelgesellschaften vertreibt sich rund um diesen Platz die Zeit in Cafés und Restaurants. Wohlhabende haben eben eine Schwäche für Ärmere.

Es ist eine angenehme, etwas zurückgenommene Atmosphäre in der Hotelbar »Metropole« am Place de Brouckere, und andere Gäste tun so, als würden sie sich das jeden Tag erlauben können. Alles ist unaufdringlich bis hin zum Servieren des stillen Wassers. Man gönnt sich ja sonst nichts. Die Dame am Nachbartisch bestellt ihren Cocktail auf Niederländisch. Der Ober versteht sie nicht oder will sie nicht verstehen. Sie gibt sich empört: »Ich spreche ja gerne Französisch, aber nicht in Brüssel, weil das meine Hauptstadt ist, da kann ich auch erwarten, dass man mich versteht.« Dieser Vorfall beweist, dass der ewige Sprachenstreit mit den Wallonen und Frankophilen keine Folklore ist, sondern Realität.

Etwa im zweisprachigen Sint-Genesius-Rode / Rhode-Saint-Genèse im Brüsseler Umland. Der Ort liegt zwischen Waterloo (französisch), Ukkel / Uccle (zweisprachig) und Alsemberg (niederländisch). Rode ist eine flämische Gemeinde im Pajottenland, aber zwei Drittel der Einwohner sprechen Französisch: Ausländer, Botschafts- und EU-Angestellte, die hier gern wohnen. Einheimische können die steigenden Haus- und Mietpreise nicht mehr aufbringen, und die jungen Leute ziehen weg. Auf dem zweisprachigen Ortsschild wird immer wieder der französische Dorfname Rhode-Saint-Genése schwarz zugeschmiert. Inzwischen gibt's abwaschbare Schilder.

Der Zuzug von Franzosen hält an. Die Hälfte der sechsundzwanzig reichsten Familien Frankreichs leben bereits in der Gegend, etwa Mitglieder der Champagnerfamilie Taittinger. Die *Financial Times* stellte fest: »Lange haben die Franzosen über die platte Landschaft und den schweren Zungenfall der Belgier gelacht. Aber immer öfter erkennen reiche Franzosen die Vorteile des kleinen Nachbarn.« Ein Grund sind die günstigen Erb- und Steuergesetze für Reiche. Das hat sich herumgesprochen. Das Steuerparadies ist inzwischen ein Spiegelbild der Grande Nation: französischsprachige Schulen, eine französisch orientierte Gastronomie, ein französischsprachiges kulturelles Angebot. Außerdem kann man in den abgeschotteten *privé domeinen* gemeinsam mit Diplomaten, Nato-Angehörigen und EU-Funktionären ungestört eine feine Lebensart genießen. Allein im Brüsseler Viertel Ukkel lassen sich jährlich mehr als tausend Franzosen registrieren. So kann Europa auch zusammenwachsen: In Brüssel wohnen und in Paris arbeiten. Der Hochgeschwindigkeits-Pendlerzug Thalys benötigt nur fünfundachtzig Minuten bis Paris. So lange ist man auch von den Pariser Vororten ins Stadtzentrum unterwegs.

Brüssel galt lange als preiswerte Wohnstadt. Doch der Ansturm der Neu-Europäer drückt die Immobilienpreise nach oben. An vielen Mietobjekten sieht man die Schilder »À louer« und »Te huur« mit den Telefonnummern der Makler. Die Provisionen zahlt in der Regel der Vermieter und die Mieterhöhungen beschränken sich auf die Inflationsrate. Die Durchschnittsmiete für eine sechzig Quadratmeter große Wohnung lag 2007 bei fünfhundertdreißig Euro. Da die Höhe der Miete meist eine untergeordnete Rolle spielt, kann man sich auf die Frage konzentrieren, in welchem Viertel man wohnen will, denn die »richtige« Adresse spielt eine wichtige Rolle: Sint Gilles / Saint Gilles, unter Künstlern beliebt, und auch das schickere Elsene / Ixelles wird bevorzugt. Die Wohnungen sind in der Regel größer als in deutschen Städten. Typisch für Brüssel, aber auch für Antwerpen sind die sogenannten Herrenhäuser, Maison de Maître, die recht schmal und drei Etagen hoch sind. Die Küche ist in der Regel im

Souterrain, in der Beletage befindet sich der mit einem Kamin aus belgischem Marmor ausgestattete Salon, an den sich ein kleiner ummauerter Garten anschließt. Die Schlafzimmer liegen im ersten und zweiten Stock. In größeren Appartementblöcken sorgt eine Concierge dafür, dass alles im Haus seinen guten Gang geht. Bevor der Mietvertrag abgeschlossen wird, beauftragt der Vermieter einen Sachverständigen seines Vertrauens, der die Räume begutachtet und Mängel feststellt. Das Dokument »Etat des Lieux«, das der Mieter bezahlt, wird mit Fotos versehen und soll, so die Theorie, beide Seiten vor unberechtigten Schadensersatzansprüchen bewahren.

Nicht nur in Brüssel, auch in anderen Teilen des Landes können Franzosen, Holländer, aber auch Deutsche nicht genug vom Nachbarn kriegen. Immobilien aller Art werden großflächig in Zeiten und in Extramagazinen angeboten. In Grenznähe zu den Niederlanden wohnen mindestens sechzigtausend Holländer und jährlich werden es fünftausend mehr. In manchen Orten, wie im kempischen Poppel, ist bereits mehr als die Hälfte der Einwohner holländisch. Der Einzelhandel hat sich auf ihre Wünsche eingestellt. So hat Bäcker Gatzen zwei Brotschneidemaschinen: Für die Niederländer muss die Schnitte zwei Millimeter dicker sein als für die Kempenaren. Der Apfel im Schlafrock wird für sie mit Puderzucker bestreut, für die Holländer mit Kandis.

Nicht nur Appartements, Stadthäuser sowie Villen, sondern auch Bauernhöfe, Herrenhäuser und Schlösser sind begehrt. Während früher diese Gebäude diskreter verkauft wurden, sieht der Reisende auch vor Schlössern Verkaufsschilder »Te koop / À vendre«. Rund dreitausend Schlösser und schlossähnliche Gebäude, umgeben von Wald und Land, so Maklerschätzungen, stehen zum Verkauf. Entweder sind den Eigentümern die Unterhaltskosten über den Kopf gewachsen (man will moderner wohnen, es muss renoviert werden), oder der vererbte Besitz muss geteilt werden.

Die Anwesen werden je nach Lage oder Zustand für zwischen dreihunderttausend Euro und sechs Millionen Euro angeboten. Und wenn man Glück hat, übernimmt der Staat bis zu achtzig Prozent der Kosten für die Restaurierung der Außenansicht. Es gibt manch einen Ausländer, der sich mit dem Erwerb eines Schlosses seinen Jugendtraum verwirklicht hat – oder in ein tiefes finanzielles Loch gefallen ist.

Flanderns Weg zu ewigem Ruhm

Alles ist anders, verkündete bereits 1579 Lodovico Guicciardini, als der Diplomat aus Florenz seinen Auftraggebern beschreiben sollte, was er unter Flandern verstehe. Guicciardini klagte in seinem Werk »Descrittione di tutti i Paesi Bassi«, er habe Schwierigkeiten, den Namen dieser Region, einer der wichtigsten und berühmtesten Europas, Ausländern zu erklären. Auch Resteuropa sprach von »Flandern«, wenn es diesen westlichen Zipfel des Habsburgerreiches meinte. Diese Wohlstandsregion, in der die Maler die Wonnen des Daseins, aber auch die Komik des Grauens und die surrealen Höllenstürze interpretiert haben, war für sie ein Ort der Verheißung, ein irdisches Paradies. Ein Land der Mystik und Diesseitigkeit, aus Überfluss und Armut, aus Erinnerung und Sehnsucht, deren Hauptstadt das ebenfalls imaginäre Brügge ist, Stadt der *gothic scene*. In diesem Land haben es sich die Flamen, Schlüsselbewahrer des Unmöglichen und Unsichtbaren, bequem gemacht.

Flandern, so wie es sich heute präsentiert, existierte in dieser Form ursprünglich weder historisch noch geografisch. Mit einer Definition des Namens haben nicht nur wir Mühe. Der

Florentiner Diplomat erklärte damals, dass die Niederen Lande, also Holland, Luxemburg, Brabant, Limburg, Flandern und Teile Nordfrankreichs, von der »Außenwelt« als eine Gebietseinheit gesehen werden, als Flandern eben. Wer in dieser Region geboren werde, sei ein »flamand, fiammingo, flamenco, flemish, vlaming«, auch wenn er aus Luxemburg oder aus Brabant komme und Französisch, Duytsch, Wallonisch oder Flämisch spreche. Zweitens, so der Diplomat, sei die Grafschaft Flandern mit der Hafenstadt Brügge unter Italienern und Spaniern als eine mächtige *heerlijckheydt* bekannt. Drittens habe der rebellische Geist der flämischen Städte gegenüber fürstlicher Unterdrückungspolitik und ihr Umgang mit den Mächtigen (Brügge kerkerte Kaiser Maximilian ein, bis die Stadt ihre Privilegien wiederhatte, und Gent weigerte sich, Kaiser Karl V. eine Kriegssteuer zu zahlen) überall Erstaunen hervorgerufen und zum Ruhm des Namens Flandern, der für viele Europäer wie ein Ort der Verheißung, ein irdisches Paradies klang, beigetragen. Somit muss also die metonymische Erweiterung des Namens auf die gesamte Region, die Gleichsetzung der Grafschaft mit dem wesentlich größeren Landstrich als entscheidend für die »Erfindung« des Sammelbegriffs Flandern gesehen werden.

Was als Flandern bezeichnet wird, ist also eine Erfindung der Geschichte. Der Name geht auf die glanzvolle Vergangenheit der Grafschaft Flandern zurück und ist ein Echo der sinnenfrohen Lebensart, die von Meistermalern wie Pieter Bruegel, dem aus dem Maasland stammenden Jan van Eyck oder dem gebürtigen Hessen Hans Memling überliefert worden ist. Die Grafschaft ist auch die Keimzelle einer für Europa einmaligen Städtelandschaft, der wir heute das Prädikat »historisch« verleihen.

Aber die Sache ist noch komplizierter: Das Gebiet von Luxemburg bis zur Nordsee, war ein Flickenteppich von Grafschaften, freien Städten und Herzogtümern. Zur Unterscheidung von den anderen Reichsterritorien sprachen die deutschen Fürsten seit dem 15. Jahrhundert von den Niederen Landen, vereinigt als Burgundischer Kreis mit dem Heiligen Römischen Reich. Unter dem spanischen König Philipp II. wurde das Ganze wieder als Flandern bezeichnet, los Estados de Flandes. Am Königshof in Madrid gab es den »Hoge Raad van Vlaanderen en Bourgondie« und eine päpstliche Nuntiatur von Flandern.

Die stolzen Bewohner haben ihre Tore nie freiwillig geöffnet, ihr Reichtum aber forderte Nachbarn und Machthungrige geradezu heraus, ihre Gastfreundschaft auf die Probe zu stellen. Als Herrschaftsmacht durften sich Spanier, Franzosen, Österreicher, Deutsche und Holländer fühlen. Ihrer Gastfreundschaft erfreuten sich dagegen Kaufleute und Künstler, Humanisten und Reisende. Die Grafschaft Flandern war Spielball zwischen Gallien und Holland, zwischen Spanien und England und immer wieder Opfer des französischen Sprach-Imperialismus. Der »Pufferstaat« zwischen Deutschem Reich und Frankreich sollte ein Land zwischen zweien werden. Flanderns Geschichte ist auch die Geschichte seiner Nachbarn.

Im achten Jahrhundert tauchte zum ersten Mal der Name »Pagus Flandresis« in einer Chronik auf, in der es als »Land der Überschwemmungen und Sturmfluten« umschrieben wird. Mönche und Bauern polderten das Land ein, bauten Klöster, Dörfer und Städte wie Diksmuide, Bergues, St. Omar oder Brügge. Im frühen Mittelalter waren es noch Hafenstädte gewesen, jetzt liegen sie weit im Binnenland und zeugen mit ihren gotischen Tuchhallen und Stadttürmen, den Belfrieden, von früher bürgerlicher Freiheit und städtischem Wohlstand.

Der Triumph in der »Schlacht der goldenen Sporen« (1302) markiert den Beginn des flämischen Nationalgedankens. Vor Kortrijk trifft das französische Reiterheer, eine Militärmaschinerie, die organisiert, bösartig, herrschsüchtig, arrogant und beängstigend niederwalzt, was sich ihr in den Weg stellt, auf flämische Fußtruppen, die *Klauwaerts*. Ein Volksaufgebot von

Bauern, Webern, Handwerkern, Kaufleuten und freien Bürgern. Es scheint ein ungleicher Kampf, ohne Aussicht auf Erfolg, aber man verfügt über Waffen, auf die der mächtige Gegner nicht gefasst war: Phantasie und Heldenmut – und über ein Ziel: Verteidigung von Freiheit und Heimat. Ihr wirksamstes Kriegsgerät war ihr *goedendags*, der handliche Morgenstern. Gefangene werden auf beiden Seiten keine gemacht. Nach dem Kampf hatte Frankreich nicht nur eine Schlacht verloren, sondern vorläufig auch seine Machtansprüche auf Flandern, worüber auch der Papst im fernen Rom glücklich war. Siebenhundert erbeutete goldene Rittersporen, Symbol französischer Überlegenheit, wurden in der Kortrijker Kirche »Unserer Lieben Frau« als Dankesgabe aufgehängt. Bei einer Vergeltungsexpedition haben sich die Franzosen ihre Sporen wiedergeholt.

Hendrik Conscience verarbeitete das Hauen und Stechen in seinem historischen Roman »Der Löwe von Flandern« zu flämischer Dramatik, und das flämische Regionalparlament erklärte den 11. Juli zum Nationalfeiertag der »Flämischen Gemeinschaft«. Mit der geschichtspädagogischen Absicht, auf die mancher Deutsche nur mit Neid blicken kann, wird die nationale Identität wie in einer Spekulatiusform ausgeprägt. Vergangenheit ist ein Getümmel von Widersprüchen, Interpretationen und Erinnerungen, und über ein weit zurückliegendes geschichtliches Ereignis kann man höchst unterschiedlicher Meinung sein. Aber Flandern ist ein Land, das seine Tradition liebt und hochhält. In vielen Orten werden herausragende Ereignisse in historischen Uniformen und Requisiten aus alter Zeit nachgestellt. Im Zeitalter des Tourismus und der Nostalgie gewinnt dieses lebendige Theater immer mehr an Bedeutung und wird massenweise besucht, vor allem dann, wenn es einen mythologischen oder geschichtlichen Inhalt hat und damit die Sehnsucht des modernen Menschen nach einer intakten Welt aufgreift. Mit Umzügen wie dem »Ommegang« in Brüssel oder mit der alle fünf Jahre stattfindenden Prozession des »Goldenen Baums« in Brügge wird die Erinnerung an die Burgunderepoche wachgehalten.

Wie nur ist es zu erklären, dass eine Grafschaft, die sich ständig zwischen Frankreich und England behaupten musste, ein Ansehen erreichte, das bis heute nicht verblassen will? Der Glanz der Burgunderherrschaft war das Ergebnis einer klugen Politik und der Tatsache, dass die Burgunderherzöge nicht als Fremde, sondern als dem Lande zugehörig betrachtet wurden. »Die scheinbare Notwendigkeit dieser Entwicklung liegt nur in unserer historischen Blickweise. ... Ohne die burgundische Herrschsucht, ein rein politischer Faktor, hätten alle ethnologischen und wirtschaftlichen Bedingungen zu gänzlich anderen Ergebnissen führen können. In ihrer weiteren Entwicklung sind diese Bedingungen selbst mitbeeinflusst durch diesen politischen Faktor, die Herrschsucht Burgunds«, stellte der Historiker Johan Huizinga fest. Burgundisch-flämisch-brabantische Kunst und Kultur sollten ein Vorbild für Europa werden. Die Aufgeklärtheit der kunstsinnigen Herzöge und der städtischen Patrizier führte zwar nicht zum Abbau der Standesschranken, aber das Leben der Bewohner war hier leichtfüßiger als in jeder anderen Region.

Um 1465 beschreibt Philipp von Commynes Flandern als »ein Land der Verheißung«, in dem selbst die Pest weniger Opfer forderte als anderswo. Aber auch das Wetter spielte mit. In jener Epoche bescherte das Klima immer wieder gute Ernten, waren die Zehntscheunen gefüllt und gab es keine Hungersnot. Flandern war sprichwörtlich die sonnenbeschienene Idylle Europas. Spaziergänge durch die historischen Zentren von Brügge, Gent oder das quirlige Mechelen (von hier ist die Familie van Beethoven nach Bonn umgezogen) sind wie Traumreisen: restauriert, konserviert und aufpoliert.

Das oft als finster überlieferte Mittelalter – übrigens eine Erfindung der Französischen Revolution, damit dies wirkmäßig große Abenteuer noch leuchtender glänzt – präsentierte sich als hoch entwickelt, zivilisiert und elegant. Hier wirkten

Adel und Kaufleute, die weitblickende europäische Weltbürger in einer Zeit waren, als mit Kolumbus die Neue Welt entdeckt wurde. Obwohl das Land am Weltgeschehen teilnahm, bleibt es in den Dimensionen seiner Epoche auf das menschliche Maß zugeschnitten.

Nicht nur die Verwaltungsstruktur, sondern auch die nachhaltige Förderung der burgundisch-flämischen Kunst und Kultur waren Merkmale der burgundischen und habsburgischen Epoche, und der Zusammenhang von Kunst, Politik und Wirtschaft galt als Zeichen der burgundischen Einheit. Es war die Epoche höchster kultureller Entwicklung, und sie wirkte bis nach Italien, denn technische Perfektion und flämischer Realismus in Verbindung mit devoter Frömmigkeit bewegte die Menschen in Europa. Gemälde, Gobelins, Retabeln, Diptychen (kostbare Doppeltafeln) und später Bücher waren in Deutschland, England, Italien und auf der Iberischen Halbinsel begehrt. Albrecht Dürer drückte ja wie bereits erwähnt während seines Flandernbesuches sein Erstaunen darüber aus, dass auch die einfachen Leute Kunstwerke kauften, nicht nur als Wandschmuck, sondern durchaus auch als Investition. Und wer das Glück hatte, in die Häuser der Flamen eingeladen zu werden, wäre erstaunt über die Glas- und Wandmalereien, über Gobelins und Gemälde und über all das Kunsthandwerk gewesen.

Unter dem repräsentationsanfälligen Philipp dem Schönen, einem lebensfrohen Mann, der für seine ausschweifenden Festlichkeiten, Ritterturniere und sein lockeres Liebesleben bekannt war, wird Brüssel glänzender Mittelpunkt der Epoche. Die luxuriösen Exzesse waren ein wahrer Kulturschock für die Spanier bei Hofe. Glaubt man ihren Berichten, muss ganz Flandern und Brabant ein frivoler Rummelplatz gewesen sein, dessen Treiben Pieter Bruegel auf seinen Bildern festgehalten hat. Ein spanischer Chronist schrieb: »Wer nicht betrunken ist, gilt als Verräter, denn hier ist man nur jemand, wenn man flott zecht und fröhliche Späße treibt.«

Johanna, Königin von Kastilien und Aragon, Philipps empfindsame Frau, drückte das wilde Hofleben aufs Gemüt. Spanische Historiker führen ihren späteren »Wahnsinn« darauf zurück. Als ihr Mann 1506 starb, ließ sie ihn drei Jahre lang als balsamierte Leiche durch Kastilien kutschieren. Eine Geisterfahrt, begleitet von Mönchsgesang und Fackellicht. Seitdem steht sie als Johanna die Wahnsinnige in den Geschichtsbüchern. Das Erbe einer Weltherrschaft fällt ihrem ältesten Sohn Carolus zu, der 1500 in Gent geboren wurde.

Carolus Quintus, Karl V., erzogen in der ritterlich-höfischen Tradition, kommt als 16-Jähriger auf den Thron. Als deutscher Kaiser und spanischer König regiere er am Brüsseler Hof – dem politischen und kulturellen Zentrum des Habsburgerreichs, »in dem die Sonne nie unterging«. Er war nicht nur der Herrscher, der Martin Luther 1521 mit dem Bann belegte und der den Streit gegen Türken, Ketzer und Reformation begann, sondern auch die Schlüsselfigur, die die Verbindung zwischen dem späten Mittelalter und der modernen Zeit legte. Mit der Entdeckung Amerikas 1492, dem wohl wirkmächtigsten Ereignis der damaligen Zeit, und der damit zusammenhängenden Europäisierung der Erde gelang ihm der Aufbau eines Weltreiches – Karl V.: ein Symbol für Wagemut, Hybris und Scheitern. Als er 1549 seinen Sohn, Philipp II. von Spanien, den Brüsseler Bürgern vorstellte, veranstaltete die Stadt ihnen zu Ehren den »Ommegang«. Ein prächtiger Umzug mit Trommlern und Schützen, Landsknechten und Rittern. Junge Reiter stellen alle Herzöge von Brabant seit Karl dem Großen dar. Diese eindrucksvolle Modenschau wird alljährlich, im Juli, veranstaltet.

Nachdem der Kaiser, von Gicht und Fresssucht geplagt, 1555 zurücktrat, bestieg sein Sohn den Thron. Er war ein frühabsolutistischer Habsburger mit dem vom Vater ererbten Gefühl, die göttliche Vorsehung habe ihn auserwählt, über Europa und Amerika zu herrschen und den katholischen Glauben zu schützen. Philipp II. zählt zu den am meisten diskutierten Herrschern. Er vereinigte Würde und Selbstbeherrschung mit leidenschaftlicher Religiosität und kämpferischem Einsatz für die Verteidigung des Katholizismus und verzichtete, wenn möglich, auf den Krieg als Mittel.

Es war die Epoche der portugiesischen und spanischen Entdeckungsreisen. Man erfand das Fernrohr, erforschte Sternenwelt und Anatomie, gründete Schulen, und dank Gutenbergs Druckkunst wurden Bücher und Flugblätter Massengut. Der Calvinismus fand in Flandern rasch Anhänger. Mit dem ersten Bildersturm (1566) verbreitete sich der von Calvin gepredigte Ikonoklasmus wie ein Flächenbrand. In Klöstern und Kirchen wurden Statuen zerschlagen, Fresken, Bilder und Chorgestühl zerstört, der Kirchenschatz geraubt. Nur die St.-Leopolds-Kirche in dem stillen Städtchen Zoutleeuw blieb verschont. Wer sich eine Vorstellung davon machen will, mit was für einer Pracht die gotischen Kirchen vor dem Bildersturm ausgestattet waren, sollte diese »Schatzkammer Brabants« besuchen.

Wie kreativ mit der Geschichte umgesprungen wird, zeigt der unlängst überarbeitete niederländische Geschichtskanon, in dem die holländischen Calvinisten das Thema Bildersturm in »Haagepreek« verändert haben. Haagepreekers waren ihre frommen und aufrechten Prediger, die »Gottes Wort« nicht in Kirchen, sondern unter freiem Himmel verkünden mussten.

Nach dem Motto: Was sich nicht durch Gewalt lösen lässt, das lässt sich durch noch mehr Gewalt erreichen, antwortete Spanien mit Ketzerverfolgungen, Bücherindizes, Inquisition, und es kommt zum Krieg. Kein kämpferisches Trommelgewirbel, sondern ein schleppender Trauermarsch, der sich achtzig Jahre hinzieht, bis zum Frieden von Münster (1648). Nach der Beendigung des Krieges waren die Zwillinge eine geteilte Nation: Der südliche Teil, das heutige Flandern, bleibt unter spanisch-katholischer Herrschaft, der nördliche Teil, die heutigen Niederlande, wurde eine calvinistische Republik.

Ein Ausstrom von Wissen, Geld und handwerklichem »Know-how« setzt ein. Zehntausende Flamen und Brabanter, Hugenotten und Juden, Handwerker und Künstler, Buchdrucker und Kaufleute wandern nach Frankfurt, Hamburg, Prag, England – vor allem jedoch nach Amsterdam aus. Für Holland sollte das 17. Jahrhundert nicht zuletzt dank dieses *braindrains* das Goldene Zeitalter werden. Aus dem gemeinsam begonnenen Glaubenskrieg war ein wirtschaftlicher Bruderkrieg geworden, den das kanonenreiche Holland für sich entschieden hat.

Das hohe Ansehen, das Flanderns Künstler und Handwerker, Kaufleute und Banker in Europa genossen, war auch der Grund, warum sie als Flüchtlinge überall willkommen waren. Ob sie nun aus der Picardie oder Brabant kamen, sie alle waren »Vlamingen«, die zum Ruhm Flanderns beigetragen hatten. Nach dem Religionsschisma rückten die Holländer völlig von der einst von den Burgundern verbreiteten Sinnenfreudigkeit ab und kasteiten sich calvinistisch mit Heringen und Dünnbier. Die Flamen verdanken dieser Trennung ihren Anarchismus sowie ihren katholischen Glauben und die Beibehaltung ihres – bereits von Pieter Bruegel und anderen Malern dokumentierten – lockeren Lebensstils.

Nachdem Napoleon vor den Stadttoren Brüssels sein Waterloo ereilt hatte, entsteht auf dem Wiener Kongress 1815 das Vereinigte Königreich der Niederlande, bestehend aus Belgien, Holland und Luxemburg. Der holländische »Kaufmann-König« Willem I. regiert mit einer derartigen Arroganz und Indolenz, dass Flamen und Wallonen sich trotz ihres Dauerstreites zusammentun, um die ungeliebten Holländer (»à bas les Hollandais«) zu verjagen. Aus war der Traum von einem Groß-Niederlande.

In Ermangelung eines eigenen Herrscherhauses holen sich die Belgier einen Import-König aus dem lutherischen Hause Sachsen-Coburg-Gotha ins katholische Land. Der junge Staat machte eine steile wirtschaftliche Karriere und wurde die erste führende Industriemacht auf dem europäischen Kontinent. Die erste Eisenbahn des Kontinents dampfte zwischen Brüssel und Mechelen. Karl Marx bezeichnete den belgischen Retortenstaat als ein »Paradies des Kapitalismus«. Das »kleine Land mit den großen Geistern ist eine herrliche und großartige Monstrosität, in der das Groteske und Absurde Triumphe feiert«, charakterisierte der Kunstkritiker Manfred Schwarz dieses Land.

Das Kunst- und Modelabel Antwerpen

Es gibt Städte, denen man sich mit der Bahn nähern sollte. Hamburg, Berlin oder Leipzig gehören dazu, Amsterdam und Antwerpen. Der schönste Stadtbahnhof Europas ist kein banaler Zweckbau, sondern eine Inspirationsquelle, ein Geschichtenerzähler und ein sichtbarer Traum weltoffener Urbanität. Die Centraal Station mit Wandaufbauten aus vielfarbigem Marmor ist ein faszinierendes Beispiel aus der Epoche der Eisenarchitektur, ein öffentlichkeitswirksamer Raum, den Kathedralen ebenbürtig. Wer mit dem Zug oder dem Thalys im unterirdischen Bahnhof ankommt (der für den Hochleistungszug gebaut und im Frühjahr 2007 eröffnet wurde), der fährt auf Rolltreppen die vier Etagen nach ganz oben, um dann die dreißig Stufen der Freitreppe, so wie es alle Reisenden seit 1905 machen, in die hohe Halle des eklektizistischen Bauwerks hinabzuschreiten. Erbaut wurde diese Kathedrale von einem Bahnhof als Zeichen, dass es der Hauptstadt der Provinz Antwerpen wirtschaftlich wieder gut geht, und ist als Aufforderung zu verstehen: »Kommt alle nach Antwerpen und seht euch unsere schöne Stadt an.«

Das gilt auch fürs Heute, rund hundert Jahre später. Die

Stadt hat in letzter Zeit eine wahre Metamorphose erlebt. Und das ging ohne viel Getöse, aber effizient vor sich. Monumente wie die gotische Kathedrale, der Grote Markt mit dem Renaissance-Rathaus, Marktplätze oder das historische Zentrum strahlen Kreativität, Wohlstand und Selbstbewusstsein aus. Die Vielzahl an trendigen Bars, Restaurants und ungewöhnlichen Boutiquen macht deutlich, dies ist die Stil-Hochburg des Landes. Da alles ständig in Bewegung ist, benötigt die Tradition den Fortschritt und braucht der Fortschritt die Tradition. Dieses Zusammenspiel präsentiert sich aufs Wunderbarste, wenn vom Turm der Kathedrale das Glockenspiel, ein aus siebenundvierzig Glocken bestehendes Carillon, erklingt und wir durch die Gassen in Richtung Akademiestraat gehen. In der Modeabteilung der Königlichen Akademie der Schönen Künste, an der bereits Vincent van Gogh und Wilhelm Busch studierten, liegt die Keimzelle der Modestadt.

Der Durchbruch gelang mit »Antwerpse Six«. Unter dieser Flagge brachen die Antwerpener Modeschöpfer wie Walter van Beirendonck, Ann Demeulemeester oder Dries van Noten mit avantgardistischen, poetisch-ausgefallenen und tragbaren Entwürfen in den Achtzigerjahren auf, die Welt des schönen Scheins zu erobern, und wurden sogleich international bekannt. Nach dem Motto, die Seele habe kein Geschlecht, verbanden sie das Männliche und Weibliche miteinander. Antwerpener Mode verführt mit feinen Stoffen, lässigen Schnitten, raffinierten Details, handwerklich diszipliniert Sinnlichkeit und überraschenden Accessoires. Inzwischen macht die zweite Modegeneration auf sich aufmerksam.

Na ja, vielleicht liegt es ja auch an den hiesigen Frauen, für die diese Mode in erster Linie gedacht ist und die zu den schönsten Flanderns gehören. Spanisches Blut fließt in ihren Adern und bestimmt ihr mediterranes Temperament und Aussehen. Mag sein, dass auch deswegen auffallend viele Spanier nach Antwerpen kommen, in diese einst zum spanischen Einflussgebiet zählende Stadt. Ich werde in meinem Urteil durch die Pariser Zeitung *Libération* bestätigt, die zu dem Ergebnis kommt, dass die Mädchen dieses Landes derzeit »eine internationale Spitzenposition« einnehmen, und für das New Yorker Lifestylemagazin *Wallpaper* verkörpern sie eine »Ästhetik«, die »an die Schönheitsideale der flämischen Renaissance erinnert«. Modelbüros und Werbeagenturen bestätigen dies und attestieren ihnen eine sanfte Haut und kastanienfarbenes oder schwarzes Haar mit blauen Augen oder blonde Haare mit tiefbraunen Augen sowie eine verblüffende Ehrlichkeit im Blick, verbunden mit einer guten Portion schelmischer Naivität. Ja, und trotz ihres emanzipierten Rufs haben sie eine Schwäche: Sie mögen Komplimente.

In einer Zeit, in der Schneider bedeutender sind als ihre Kunden und Kundinnen, kann man sich gar nicht genug an ihnen orientieren. Walter van Beirendonck, Chef der Modeakademie, an der Nachwuchs aus fünfunddreißig Nationen studiert, unter ihnen auch Deutsche, ist der Expressionist unter den Modeschöpfern. Seinen Arbeitsstil definiert er: »Um gute Ergebnisse zu erzielen, muss man Autorität haben, gut miteinander auskommen, und unsere Mode muss tragbar sein.« Antwerpen scheint ein fruchtbarer Boden für junge Designertalente zu sein. Etwa für Raf Simons, der als Industriedesigner auch Eierbecher, Möbel und Abfalleimer entwarf. Der Limburger, dessen erstes Defilee für Männer mit rebellischen Dresscodes bereits für Aufsehen sorgte, soll als Creative Director bei »Jil Sander« der einst stilbildenden Marke zu neuem Glanz verhelfen. Elf Kollektionen mit entsprechenden Accessoires muss er jährlich entwickeln. Er lebt abwechselnd in Mailand und Antwerpen, wo er die Ruhe und Muße hat, um auch an seinem eigenen Label zu arbeiten und konzentriert über ein sinnliches Konzept für »Jil Sander« nachzudenken.

An der Nationalestraat findet sich das Modereich von Dries van Noten, nebenan kann man in Kunst-, Design- und Architekturbüchern schmökern oder geht eine Tür weiter ins

Modemuseum mit seiner bühnenartigen Eingangshalle. Mehr als zwei Jahrzehnte nach ihrem Durchbruch steht die Antwerpener Mode immer noch in *full blome*, in Blüte, obwohl der Markt gesättigt scheint. Aber wer wie van Noten »honest fashion« herstellt und seiner ganz eigenen Modelinie treu bleibt, der kann immer noch gewinnen. Authentizität und Emotion sind der neue Luxus, denn in einer Zeit, in der die internationalen Modenamen weit verbreitet sind, haben die hiesigen Modekünstler den Trend zum »No logo« längst erkannt. Was zählt, ist Qualität. Der anhaltende Erfolg in Antwerpen hat auch damit zu tun, dass man mit geringem Aufwand elegante und zeitgerechte Mode macht. Mode als Mehrwert und nicht nur Rubens, Bruegel oder die Gotik.

Überall sind es die Gegensätze, die die Besucher an dieser Stadt schätzen. Wie Vincent van Gogh, der in seinen Briefen die Hafenstadt mit ihren Farben und Malern, ihren Menschen und Märkten beschrieb. Durch Antwerpen muss man zu Fuß gehen und den Kopf bis zur Halsstarre ins Genick legen, denn oben sind die Giebel, die Türme und die Madonnen an den Häusern. Maria lebt hier, als eine Verkörperung des gotischen Idealbildes sozusagen an jeder Straßenecke. Nirgendwo anders in Europa, von Siena einmal abgesehen, hat die Muttergottes eine so prominente Rolle im alltäglichen Leben. Nicht nur Rubens, die globale Trademark, malte Maria ergreifend schön. Viele anonyme Kunsthandwerker meißelten die Madonna in Stein, modellierten sie in Gips und Holz, mit einer Linienführung, die unter den Gewändern ihren Körper erahnen lässt. Lassen Sie sich durch dieses Bild nicht verwirren, denn die Stadt ist keineswegs so museal, sondern steht mit ihrem modernen Charakter in reizvollem Kontrast zur eigenen Vergangenheit.

Antwerpen ist die kleinste Weltstadt – aber das größte kosmopolitische Dorf Europas. Nicht allein durch den Hafen und den Diamantenhandel. Die Rubensstadt spielt auch kulturell eine wichtige Rolle von Mode bis zur Rockmusik, von

Schauspiel bis zu den Museen, von Lifestyle bis Design, alles vor konzentrierter historischer Kulisse. Wer in diese Stadt fährt, hat sich einiges vorgenommen. Antwerpen ist vor allem eine Bummelstadt, ein gewissermaßen spaziergängerischer Ort für endlose Wege. Jedes Wochenende wird sie von Zigtausenden Besuchern wegen der Kultur, der Geschäfte und der Restaurants überspült. Als seien die Besucher von einer kollektiven Sehnsucht getrieben.

Die Hafenstadt ist europäischer Mikrokosmos und politisches Laboratorium. Hier lebt die größte jüdisch-orthodoxe Gemeinde Europas, hier gibt es die einflussreiche Arabisch-Europäische Liga, und hier sitzt die nationalistische Vlaams Belang, die erfolgreichste rechtsextreme Partei Europas. Vor allem aber erfährt man Antwerpen als kulturelle Metropole: Die ästhetisch restaurierten gotischen oder eklektizistischen Giebel, der Grote Markt mit den glanzvollen Fassaden und vergoldeten Figuren der Zunft- und Gildehäuser, verwitterte Hinterhöfe, postmoderne Cafés, grell-klinische Galerien, durchgestylte Modehäuser, stilvolle Friseursalons und verführerische Boutiquen in historischen Gemäuern bilden in der Einkaufsstadt eine verwirrende Allianz von Schönheit und Verführung. Exklusive Modeboutiquen wie »Verso«, »Liu Jo«, finden Sie konzentriert rund um das Bourla-Theater, in der Kammen- und Nationalestraat.

Eine Stadt muss altern, um zu leben, braucht wirtschaftliche Krisen, sich wandelnde Ansprüche, eine bikulturelle Gesellschaft, um sich immer wieder verjüngen und neu entdecken zu können. Der Beginn des Aufbruchs hat ein Datum: 1993. In jenem Jahr war Antwerpen »Kulturhauptstadt Europas«. Die Stadt hatte die Herausforderung angenommen, investierte, baute, renovierte und war ein perfekter Gastgeber. Damals hatte die Initiative der EU, die seit 1985 jährlich eine Kulturhauptstadt ausrief, nach der Pleite von Amsterdam und anderen Kulturstädten an Dynamik verloren. Die Scheldestadt wollte mit dem Kulturspektakel beweisen, dass der

Gedanke an ein vereinigtes Europa nach wie vor lebt. Antwerpen wollte eine Kehrtwendung bewirken und die Europäer aus dem Stimmungstief herausholen und mithilfe der Kultur den europäischen Einigungsgedanken beschleunigen. Zwei Männern, dem starrköpfigen und energischen Bürgermeister Bob Cools und dem charismatischen »93«-Intendanten Eric Anthonis, ist das Kunststück gelungen, dieses Fest einen Erfolg werden zu lassen. Ihr Geheimrezept: Sie interpretierten das Kulturprogramm »Kann Kunst die Welt retten?« als Reflexion über europäische Kunst in Europa, indem die kulturelle Vergangenheit Europas mit der Gegenwart verknüpft wurde. Das Programm war ferner erfolgreich, weil es nicht die der klassischen Festivalstädte wie Salzburg oder Edinburgh kopierte, sondern etwas ganz Eigenständiges brachte, Kultur und Tourismus vereinigte und damit wegweisend für andere Austragungsorte wurde. Inzwischen ist die Kulturhauptstadt-Kampagne so beliebt, dass Europas Städte Schlange stehen, um solch ein Festspektakel ausrichten zu dürfen.

In dieser Stadt, das merkt man schnell, dreht sich fast alles um den Genuss und um das Pathos des schönen Moments. Mit hundertdreiundzwanzig Meter erhebt sich der Turm der gotischen Liebfrauenkathedrale in den Himmel. Die größte Kirche des flandrischen und niederländischen Raums, einladend und hell, birgt einen großen Schatz: die Altarbilder von Peter Paul Rubens. Im Inneren der Kathedrale mit dem beeindruckenden fünfgliedrigen Längsschiff hängen berühmte Rubens-Bilder: Unübertroffen die »Kreuzaufrichtung«, die »Kreuzabnahme«, in der Mitte des barocken Hochaltars »Mariä Himmelfahrt« – die Frau im roten Gewand am Grab stellt Rubens' erste Frau Isabella Brant dar – und die »Auferstehung Christi« in der zweiten Seitenkapelle rechts. Entstanden sind die Riesenbilder zwischen 1610 und 1626. Mit diesen Bildern hatte Rubens seine Meisterschaft barocker Theatralik zum Höhepunkt geführt.

Während Brüsseler in der Öffentlichkeit zurückhaltend mit freundlichen Worten sind, ist die Chance in Antwerpen klein, unfreundlich behandelt zu werden. Die _Sinjoren_ (so nennen sich die Bewohner) sind stolz auf die Anziehungskraft ihrer Stadt. In Boutiquen und Geschäften wird der Kunde beim Aussuchen oder Anprobieren zuvorkommend behandelt, auch wenn man dann doch nichts kauft. Keine Tram, die einem vor der Nase wegfährt, wenn man hechelnd angerannt kommt. Die Menschen nehmen sich Zeit, es wird viel miteinander geschwätzt, gelacht und geschäkert – im Antwerpener Dialekt, versteht sich. Ein Dialekt, bei dem man eine Gänsehaut bekommen kann. Warum das eigensinnige und schnodderige Antwerpenerisch so viel Aggression im restlichen Land hervorruft, ist etwas, das ich nie verstanden habe. Die Sinjoren gelten ihren Landsleuten als chauvinistisch und selbsteingenommen. Ich habe die Bewohner immer als großzügig, herzlich, tolerant und chaotisch kennengelernt. Sie sitzen gerne im Café mit Freunden beim Bolleke Koninck, dem obergärigen Stadtbier, erzählen ihre frivolen Witze und sind erfrischend neugierig. Die Menschen haben eben Spaß am Leben.

Antwerpen, schon immer durch Ehrgeiz aufgefallen, macht heute von sich reden, weil es die Sehnsucht nach einer Stein gewordenen Ästhetik der Vergangenheit mit den Wünschen der Gegenwart verbindet. Es versucht, das Historische mit dem Neuen aufs Wunderbarste zu verknüpfen. Rund um das Wohn- und Ausgehviertel Vlaamse und Waalse Kaai, mit den futuristischen Zeltdächern des neuen Justizpalastes im Hintergrund, haben Architekten neue Wohnbauten realisiert. Gegenüber dem Koninklijk Museum voor Schone Kunsten mit seiner kostbaren Sammlung alter und neuer Kunst findet sich das Kleiderparadies von Ann Demeulemeester, Sinnbild der Antwerpener Eleganz. Auch im Schippersquartier, dem Seefahrerviertel, und weiter im Norden entsteht das neue, hippe Ausgehzentrum. Es entstehen Wohnhäuser, die sich dem hochverdichteten historischen Stadtkern anpassen. Einen guten Eindruck vermitteln einige postmodern hergerichtete Renommierbauten, in denen die Utopie vom Leben und Wohnen im Einklang mit der Natur und Gesellschaft wiederentdeckt wurde. Modern, offen und fern jener übellaunigen Schlümpferomantik. So wurden in ehemaligen Dockanlagen des Eilandje alte Speicher rund um den Godefriduskaai restauriert und in Treffpunkte der Musik, des Tanzes und der Mode umgewandelt.

Die Strahlkraft der Innenstadt wird möglich, weil die Stadt als Wohnort eine Zukunft hat. Die Mittdreißiger bleiben da, andere kehren den verkehrsberuhigten Vororten den Rücken zu, und auch Ältere kommen zurück. Vor Jahrzehnten hatten sie diesen Ort wegen Verfall, Lärm und mangelnder Lebensqualität verlassen. Aber das Leben in den Wohnblöcken oder in ihren Villen am Stadtrand ist ihnen zu öde geworden, und versteckt hinter Ligusterhecken, bekommt man nicht viel vom Lauf der Welt mit.

Beflügelt wird die neue städtische Blüte auch durch das Phänomen »Green Glamour« in Architektur, Design und Lebensstil. Außerdem verfügt Antwerpen, wie neidlos zugegeben werden muss, über herrliche Straßenzüge aus der Belle Époque. Die Stadtväter haben schon vor Jahren die sich abzeichnende Renaissance des innerstädtischen Wohnens erkannt und gefördert. So entstehen Domizile für Familien, Senioren und Wohngemeinschaften im Zentrum, wo die Infrastruktur zum Einkaufen, Arbeiten und Ausgehen noch intakt ist. Mancher Besucher würde am liebsten hierbleiben, und manch einer erfüllt sich diesen Wunsch. Antwerpen zählt zahlreiche Holländer, Briten und Deutsche, die sich hier niedergelassen haben. Antwerpen war immer zukunftsorientiert. Bevor die »Leipziger Charta«, die städtebaulichen Leitlinien für die »Europäische Stadt«, von der EU neu definiert wurde, hatte man hier deren vielbeschworene Zukunft längst erkannt.

Eines der Meisterwerke von Pieter Bruegel, die kryptische Weltuntergangsszene vor einer apokalyptischen Landschaft, die »Dulle Griet«, hängt im Museum Mayer van den Bergh. Das neugotische Gebäude hatte sich der Erbe einer Handelsfirma und begeisterte Kunstsammler für seine bedeutende und qualitätsvolle Kollektion bauen lassen. Auf dem Gemälde zu sehen ist die tolle Gretel, ein Riesenweib mit den Gesichtszügen eines Mannes, die im gepanzerten Hemd, den Degen in der Hand und mit Beute beladen, fest entschlossen ist, ihren Widersachern Paroli zu bieten. Im Hintergrund brennt die Stadt und feiern die teuflischen Gestalten ein Fest. Scheinbar unbeirrt sucht sie ihren Weg durch das feurige Inferno von Dämonen und Ungeheuern, durch eine chaotische Welt, deren Ende nahe ist. Eine Frau, die vor nichts Angst hat. Hinter ihr kämpfen tapfere Frauen mit Teufeln. Die andere dominierende Figur, eine männliche, sitzt auf einem Dach und gilt als Symbol für Narretei und Verschwendungssucht. Das Boot, das sie auf ihren Schultern trägt verweist auf das Sprichwort: »Es sind die Irrsinnigen, die die Welt auf ihren Schultern tragen.«

Immer wieder besuche ich die »Dulle Griet«. Mich fasziniert das Monumentalgemälde mit dem Tohuwabohu von Figuren, Anspielungen und ungelösten Rätseln. Der Humanist Bruegel, der im Stil von Hieronymus Bosch malte und durch seine romantischen Winterdarstellungen und lebensfrohen Bauernhochzeiten bekannt ist, hat mit der tollen Gretel ein Bild gemalt, dessen Symbolgehalt immer noch nicht entschlüsselt ist. Das Gemälde ist eine Allegorie der Sinnlosigkeit von Gewalt und Krieg. Sein Schöpfer zeigt sich als Chronist der ewigen menschlichen Borniertheit und Schwächen, der Verdammnis und der Qualen, des Leidens und der Lust. Vielleicht empörte sich der Maler mit seinen phantastischen Höllenfahrten und absurden Schreckensvorstellungen in dieser großen Arbeit über den Wahnsinn der Religionskriege und ergreift Partei für die Frauen, die immer die Leidtragenden von Kriegen und männlicher Eitelkeit sind? Vielleicht will er ihnen mit diesem Bild ein Denkmal setzen, eben weil sie die Stärkeren und Klügeren sind? Jeder kann das Bild interpretieren, wie er will, denn Vorlagen, nach denen Bruegel diese Visionen auf künstlerisch hohem Niveau verdeutlicht hat, sind verloren gegangen. Wir wissen nur, dass Bruegel sich auf das flämische Sprichwort »Een roof voor de hel doen« bezogen haben soll. Es wird für jemanden verwendet, der vor nichts und niemandem Angst hat. Auch dem Höllenfürsten dürfte Gretel, dieser Satansbraten, einen gehörigen Schreck einjagen.

Fritz Mayer van den Bergh (1858–1901) kaufte um 1898 eine Sammlung mittelalterlicher Malerei, darunter auch die »Dulle Griet«. Das Bild war vermutlich als Kriegsbeute nach Schweden entführt worden und dann nach Köln gekommen, wo im 19. Jahrhundert viel mit flämischer Kunst, die damals vor allem bei deutschen Sammlern beliebt war, gehandelt wurde. Damit kam Mayer van den Bergh Kunstkäufern aus Berlin zuvor, die ebenfalls die »Dulle Griet« erwerben wollten. Die Berliner hätten das Werk gerne für ihr Kaiser-Friedrich-Museum auf der Museumsinsel gehabt. Im Gegensatz zu anderen Bruegel-Arbeiten existiert diese Weltuntergangsdarstellung nur einmal. Eine Kopie, wie bei anderen Bruegels, ist nicht bekannt.

Die kontrareformatorische Offensive der katholischen Kirche und der Jesuiten gegen den sich ausbreitenden Calvinismus bewirkten einen großen Bedarf an Werken mit mythologischen und biblischen Motiven. Antwerpen war als eine durch und durch katholische Stadt ein geeigneter Produktionsstandort für Peter Paul Rubens, den barocken Virtuosen der Lebensfülle, der der Stadt seinen Stempel aufgedrückt hat. Er war ein idealer Protagonist. Seine Werke hängen in Paris, Rom, in der Wiener Albertina, dem New Yorker Metropolitan Museum, dem British Museum in London sowie in Köln und München.

Aber in der Kathedrale hängen Bilder des hier 1640 verstorbenen Malers (1577 in Siegen geboren) mit dem flandrischen Heimatgeruch, dessen erotische Darstellungen denen der Künstler in unserer enttabuisierten Welt weit überlegen sind. Rubens malte nicht nur für Europas Hautevolee, sondern war auch ein Sammler, ein cleverer Diplomat und ein wohlhabender Mann. Davon zeugt das Renaissancepalais, das er sich 1610 bauen ließ, samt Atelier, Lustgarten und Pantheon für seine Kostbarkeiten. Dieser Stadtpalast im italienischen Palazzostil gehört heute zu den populärsten Sehenswürdigkeiten der Stadt und war Atelier und Adresse von Rubens & Company.

Die Zusammenarbeit von Malern an einem Werk war eine flämische Spezialität, und den Höhepunkt dieser Tradition zeigen die Werke der zwei erfolgreichsten Maler ihrer Zeit, Rubens und Jan Brueghel der Ältere. Sie hatten sich in Rom kennengelernt und waren Freunde geworden. Gemeinsam malten sie zwei Dutzend Gemälde, die von den spanischen Regenten in Brüssel, Erzherzog Albrecht und seiner Frau Isabella, besonders geschätzt wurden. In Antwerpen gibt es keine Gemeinschaftsarbeiten der Starmaler zu sehen, wohl aber in Potsdam. Dort hängt in der Bildergalerie von Schloss Sanssouci die eindrucksvolle »Amazonenschlacht«. Weitere Werke sind »Flora und Zephyrus« in Dessau (Schloss Mosigkau) oder »Maria mit Kind« in München (Alte Pinakothek).

Rubens malte die Figuren und Brueghel die Landschaften, Pflanzen und Tiere. Alles ist derart meisterlich komponiert, dass der Betrachter nicht merkt, dass hier zwei Maler an einem Gemälde gearbeitet haben – was es für Liebhaber noch wertvoller macht. Materialtechnische Untersuchungen zeigen, dass Rubens Brueghel zuweilen übermalte oder seine Figuren größer machte als von Brueghel vorgegeben. Die Freude und das Vergnügen, die aus ihren gemeinsamen Arbeiten sprechen, unterstreichen die Exklusivität dieser Kooperation. Es muss ein fröhlicher Wettbewerb zwischen ihnen geherrscht haben, und spannend muss es auch gewesen sein, denn jeder malte in seinem Atelier, und die Werke mussten jedes Mal von der einen Werkstatt in die des anderen durch die Gassen geschleppt werden. Mit dem Tod Brueghels fand ihre Zusammenarbeit ein abruptes Ende. Brueghel und drei seiner Kinder starben am 13. Januar 1625 an der Cholera. Rubens übernahm die Vormundschaft für die anderen Kinder seines Freundes.

In den Wirren des achtzigjährigen Bruderkrieges zwischen dem Norden und dem Süden der Niederen Lande hatten 1576 spanische Söldner Antwerpen erobert, geplündert und gebrandschatzt, ein nachhaltiges Ereignis, das als »Spanische Furie« in die Geschichte einging. 1585 sperrte Holland die Lebensader Schelde für die Schifffahrt, und die Stadt verarmte. Etwa jeder zweite Einwohner wanderte aus. Nach England, nach Hamburg, nach Holland. Die Universität von Leiden übernimmt die geistige Führungsposition jener von Löwen, und Amsterdam schlüpft in die Rolle von Antwerpen. Ohne die flämischen Emigranten, die Geld, Kunst, Wissen, Kultur sowie Seekarten und nautisches Gerät in ihrem Gepäck hatten, hätte es kein Goldenes Zeitalter in Holland gegeben. Auch das muss man wissen, um verstehen zu können, warum die Antwerpener die Holländer noch heute nicht sonderlich schätzen. Man sagt, sie glauben, Amsterdam »gehöre ihnen«, und führen sich entsprechend auf.

An dieser Stelle müssen wir auch mit dem Mythos aufräumen, dass die Tulpe, diese wunderschöne Blume, auf ihrem Weg aus der Türkei zuerst nach Holland kam. Dreißig Jahre bevor sie als Modeblume an der Amsterdamer Börse zum Objekt der Begierde wurde, gab es die Tulpe bereits in Antwerpen. Der Flame Charles de l'Ecluse, Carolus Clusius, beschrieb 1562, wie die Tulpe nach Antwerpen gekommen war. Demnach hatte ein flämischer Kaufmann, versteckt unter Stoffballen, Tulpenzwiebeln aus Konstantinopel nach Antwerpen geschmuggelt, einige gegessen und die anderen in seinen Garten vergraben. Die Blumen wurden bei Apothekern und Adeligen rasch beliebt, und 1598 veröffentlichten die Drucker Christoffel Plantin und Jan Moretus ein Buch mit Tulpenabbildungen. Während die Tulpe in Holland zur Massenware wurde, ist sie in Antwerpen ein Kunstobjekt.

Der schönste Platz der Stadt trägt den Namen jenes Schriftstellers aus dem 19. Jahrhundert, der »dem Volk das Lesen« beibringen wollte: Der Hendrik Conscience Plein liegt im ältesten Viertel und lockt mit mediterraner Atmosphäre. Für die Antwerpener ist er daher das Tor zum Süden, und so benehmen sie sich hier auch: ungezwungen und heiter. Zwischen den nach dem letzten Schrei gekleideten Einwohnern fallen Holländer in ihren praktischen Sachen sofort auf. Den intimen Platz mit Barockgebäuden, Cafés und Restaurants, ziert die barocke Sint-Carolus-Borromäus-Kirche, für die Rubens die Liebfrauenkapelle entworfen hat. In der Wolstraat Nummer 21 informiert eine Gedenktafel, dass Albrecht Dürer von 1520 bis 1521 hier gewohnt hat. Karl V. hatte ihm erlaubt, gegen die massenhaften Fälschungen seiner Kupferstiche auf Märkten vorzugehen.

Als Präsentierteller der Stadt gilt der Grote Markt mit dem wohl prachtvollsten Renaissance-Rathaus Nordeuropas und Giebelhäusern aus gotischen und barocken Zeiten mit vergoldeten Fassaden. Dieser Marktplatz im Schatten der Kathedrale schließt alle Besucher in sein großstädtisches Herz ein und erfährt seine Beliebtheit durch die Terrassencafés. In Marktcafés wie »De Engel« oder »Zeven Schagen« trinken Stammgäste das dunkle Trappistenbier oder das obergärige stadteigene Koninck aus dem typischen Bolleke-Glas. Obwohl die Sinjoren Touristen gewöhnt sind, sehen sie sich nicht ohne Verwunderung unseren halb neugierigen, halb versonnenen, aber stets wehmütigen Blicken ausgesetzt. Besucher auf der Suche nach einer verlorenen Zeit.

Talente ziehen Talente an, und so haben sich außer Malern auch Buchdrucker, Diamantenschleifer sowie Verleger in Antwerpen niedergelassen. Die berühmteste Druckerei war

Plantin Moretus. In einem prachtvollen Stadtpalast sind die Arbeits- und Wohnräume der Druckerdynastie als Museum eingerichtet. Hier wurden nicht nur Bibeln in hohen Auflagen gedruckt, sondern auch erste Reisebeschreibungen aus China, das Jesuiten bereist hatten. Ein Besuch des Vierflügelhauses mit Innengarten sollte man, wenn noch Zeit bleibt, nicht versäumen. Das einst größte europäische Druck- und Verlagshaus atmet noch immer den Geist der Renaissance. In der »Officina Plantiana«, dem meist authentischen Museum der Stadt, Zentrum des intellektuellen Lebens im 16. und 17. Jahrhundert, das heute auf der Unesco-Kulturliste »Gedächtnis der Welt« steht, wurden 2450 Titel verlegt, darunter auch Anatomie- und Kräuterbücher, humanistische Schriften, und für einige wertvolle Bücher entwarf Peter Paul Rubens die Illustrationen: Bücher waren auch Statussymbole. Christophe Plantin, der Verlag und Druckerei 1550 gründete, trug seit 1570 den Titel »Erzdrucker des Königs« und besaß das lukrative Monopol für die Herstellung von Druckschriften für Spanien und seine amerikanischen Kolonien. Die Buchdruckerei arbeitete bis 1871. Die Druckerei, die Setzerei, die Schriftgießerei – alles ist im Originalzustand erhalten geblieben. In dem weitläufigen Gebäude kommt man, treppauf und treppab, auch durch die Wohnzimmer und die Bibliothek mit bibliophilen Kostbarkeiten. Es ist ein großartiges Denkmal europäischer Lese- und Buchkultur. Auf dem Marktplatz, dem Vrijdagsmarkt vor dem Plantin-Moretus-Museum, finden seit 1549 am Freitagmorgen Versteigerungen von Hausrat, Möbeln, Kleidern, Spielzeug und Trödel statt. Der Tag der Gerichtsvollzieher zieht ein sehr gemischtes Publikum an und zeigt die Bewohner einmal von einer ganz besonderen Seite.

Das hochkarätige Getto

Es ist der leibhaftige Anachronismus. Szenen, die an die Bilder von Marc Chagall erinnern. Auf dem quirligen Loosplaats radeln Männer in schwarzseidenen Kaftanen um die Wette. Auf den Köpfen tragen sie pelzverbrämte *schtrajml*-Hüte, ihre bleichen Gesichter schmücken kräftige Bärte, die Schläfen zieren lange Korkenzieherlocken, die beim eiligen Radeln wie Fähnchen im Wind wehen.

Von rechts kreuzt eine Gruppe von Halbwüchsigen mit Scheitelkäppchen auf den kurz geschnittenen Haaren vorbei. Frauen in züchtigen langen Röcken schieben Kinderwagen. Sie tragen *schterntichlech*, Kopftücher mit Perücken darunter. Die eigenen Haare dürfen sie nicht zeigen, das verbieten uralte jüdische Gesetze.

Antwerpen ist eine durch und durch kosmopolitische Stadt. Hier leben knapp eine halbe Million Menschen, unter ihnen eine große Minderheit von Fremden. Sie stammen aus mehr als hundertvierzig Nationen. Wir sind im Getto der Rubensstadt, in dem die Thora den Rhythmus des Gehens und die Rocklänge der Frauen bestimmt und in dem außer orthodoxen und sephardischen Gemeinden auch chassidische Gruppen streng nach den Geboten der jüdischen Gesetze leben und miteinander Jiddisch sprechen. Hier im jüdischen Viertel, zwischen Quinten Matsijslei, Lamoriniere-, Rolwagen- und Provincienstraat, befindet sich das größte Diamantenzentrum der Welt. Jährlich importieren die Börsen etwa zweihundert Millionen Karat Diamanten im Wert von zwölf Milliarden Dollar. Hunderte von internationalen Firmen, Banken, Bewachungsfirmen, Maklern und Reisebüros haben hier ihre Niederlassungen. Acht von zehn Rohdiamanten der Erde und mehr als die Hälfte aller geschliffenen Steine werden hier verkauft. Der jährliche Umsatz liegt bei rund fünfundzwanzig Milliarden Euro.

Diesen Reichtum sieht man dem Viertel, das kein besonders reizvolles Ambiente hat, nicht an. Fast alle Gebäude sind heruntergekommen, kaum eines davon ist renoviert. Die Gegend besticht durch hässliche Modernität. Sie wirkt an vielen Stellen alt und erinnert ein wenig an osteuropäische Städte vor dem Fall des Eisernen Vorhangs. Die Trostlosigkeit kontrastiert augenfällig mit dem kunstvoll herausgeputzten historischen Stadtzentrum und seinen renovierten Prachtbauten der Belle Époque, den Art-deco-Fassaden und den Giebelhäusern des Mittelalters, den verträumten Kneipen, Cafés und durchgestylten Restaurants.

Der hebräisch-venezianische Name Getto, in vielen Sprachen Synonym für Judenviertel und diskriminierende Abgrenzung, hat hier keinen faden Beigeschmack. In den Schaufenstern stehen siebenarmige Chanukka-Leuchter. An vielen Türen und Fenstern hängen schmale Kapseln, in denen Zitate aus den heiligen Schriften der Juden enthalten sind und die Schutz vor bösen Geistern und schlechten Menschen gewähren sollen. Viele der Kapseln sind leer. Manche Gebäude sind mit Betonklötzen abgeriegelt. Videokameras hängen an grauen Mauern, über Portalen und Hauseingängen.

Auch der Stadtpalast der »Israelitischen Gemeinde von Antwerpen« ist entsprechend gesichert. »Wir leben in der weltweit einzigen Stadt, in der sich die Herde Jacobs zu einer Gemeinde zusammengefunden hat«, erzählt mir Gemeinde-direktor Jacques Wenger, dessen Mutter aus Berlin stammt. Die »Herde Jacobs« ist eine Art Synonym für die Gemeinschaft der Orthodoxen. »Obwohl Antwerpen ein im Kern katholisch geprägter Ort ist, gibt es keine zweite Stadt in Europa, in der wir Juden ungezwungener und selbstverständlicher leben können als hier«, sagt Wenger, »aber die sozialen und psychologischen Probleme sind gewaltig.«

Die Einzigen, mit denen die Juden Probleme haben, sind die Marokkaner. »Sie sind uns gegenüber gleichgültig bis feindselig eingestellt, viele von uns haben Angst vor ihnen«, so Wenger. Dabei zeigt er auf sein »rotes« Telefon. »Wir sind wachsam. Vierundzwanzig Stunden am Tag. Wenn eine fremde Person sich auffällig verhält, klingelt es. Dann informiere ich die Polizei.« Auffällig verhält sich schon, wer an einer Stelle länger als zehn Minuten stehen bleibt oder gar fotografiert, denn das mag man hier überhaupt nicht. Fremde, die fotografieren oder zu lange starren, werden als *kipler* (Plagegeister) weggescheucht. Das ganze Viertel wird von Fernsehkameras überwacht, elektronisch gesicherte Drehkreuze versperren den freien Zutritt zu Läden und Schleifereien.

Manche der schwarz gekleideten Männer in der Hovenierstraat haben Aktentaschen aus dunklem Rinderleder mit silbernen Kettchen am Handgelenk oder am Gürtel befestigt. Die meisten dieser Taschen enthalten ein Vermögen – in Geld oder in Diamanten. Hier herrscht eine Atmosphäre wie in Mea Shearim, dem Orthodoxenviertel von Jerusalem. Die Männer tragen unter ihren pelzverbrämten Schtrajml-Hüten eine Jarmulke, ein kreisförmiges Stück Stoff oder Leder, das mit einer Klammer am Haar befestigt ist. Aus dem langen schwarzen Kaftan schaut das krawattenlose weiße Hemd heraus. Wie vor Jahrhunderten tragen manche noch Kniebundhosen, weiße Strümpfe und ungeschnürte Schuhe.

Das Völkergemisch in der Hovenierstraat ist über die Jahre

bunter geworden. Außer den Juden sieht man Afrikaner, Russen, Libanesen, Australier und Japaner. Vor allem aber immer mehr Inder. Ihnen es ist gelungen, die Juden vom traditionellen ersten Platz als Händler zu verdrängen. Im Antwerpener Edelsteingeschäft sind – direkt oder indirekt – etwa sechsundzwanzigtausend Menschen beschäftigt. Diamantenmakler und -großhändler, Verkäufer, Schleifer, Banker. Sie alle eilen und stehen im Dienst von Adamas, dem Unbezwingbaren – von diesem griechischen Wort leitet sich Diamant ab. Die Männer – Frauen gibt's in diesem Geschäft kaum – hasten von einem der vielen Juweliergeschäfte zum anderen oder zu einer der vier Diamantenbörsen und rufen sich, ohne anzuhalten, Neuigkeiten und Börsenkurse zu.

Das Heiligtum in der »Beurs voor Diamanthandel« ist der Börsensaal. Er strahlt die Atmosphäre eines Lesesaals in einer öffentlichen Bibliothek aus. Die jüdischen Händler, die hier noch immer in der Mehrzahl sind, erkennt der Besucher an ihren schwarzen Hüten. Ansonsten sitzen sich an den breiten Tischen in dem sechsundvierzig Meter langen und neun Meter hohen Raum Russen, Türken, Juden und Inder gegenüber. Die Börse kennt keine Kurse, keine Elektronik, keine übereiligen Reaktionen. Die Geschäfte verlaufen ohne bürokratischen Firlefanz. Abgeschlossen und rechtskräftig besiegelt werden sie per Handschlag und – unabhängig von Religion oder Nation – mit dem Spruch »Mazel u'Bracha« – Glück und Segen. Der Händler Rafael Shafeld gewährt mir einen Blick in das offene Kuvert, das vor ihm auf dem Tisch liegt. Und vor meinen Augen liegt ein Schatz. Eine Handvoll Rohdiamanten. So ein ungeschliffener Stein fühlt sich glatt und samtig an wie eine Quitte. Der junge Mann bleibt gelassen: »Hier gewöhnt man sich an den Umgang mit großen Vermögen.« Dann widmet er sich wieder seinem Handelspartner. Ihr Verkaufsgespräch führen Shafeld und sein Partner auf Jiddisch. Shafeld verabschiedet sich mit einem freundlichen »A gut johr«. Er meint aber wohl kein ganzes Jahr sondern: »Guten Tag.«

Warum beflügeln Diamanten die Phantasie, warum entfesseln sie mehr Leidenschaft als jeder andere Stoff auf Erden? »Es ist die beste Art, ganz dicht an einen Stern heranzukommen«, sagt die Frau, die im Showroom von »Diamondland« nach einem Diamanten sucht. Marilyn Monroe hat es noch einfacher auf den Punkt gebracht: »Diamonds are a girl's best friend.« Psychologie und Image spielen beim Kauf eines Diamanten eine große, wenn nicht die größte Rolle. Hauptgewinner sind die Juweliere, die bis zu hundertfünfzig Prozent Gewinn einstreichen sollen. Antwerpen bietet viele Möglichkeiten zum Diamantenkauf. Vor allem am Wochenende kommen Schmuckkäufer, unter ihnen viele junge Leute, die sich verloben oder heiraten wollen, denn die Glitzersteine sind nirgendwo preiswerter als hier, und die Auswahl ist nirgendwo größer. Kunden können auch lose Steine kaufen und sich dann eine passende Fassung dazu aussuchen. Alles wird vor Ort angefertigt.

Ein Diamantenkauf ist Vertrauenssache, denn offizielle Preislisten gibt es nicht. Zur Beurteilung eines Steines sind die vier »C« zu berücksichtigen: Colour (Farbe), Clarity (Reinheit), Cut (Schliff) und Carat (Gewicht). Um sicher zu gehen, sollte man bei Händlern mit ADJA- (Antwerp Diamond and Jewellery Ass.) oder HRD (Hoher Rat für Diamant)-Zertifikat kaufen. Seitdem farbige Diamanten an Beliebtheit zugenommen haben, gibt es noch mehr Fallstricke. Ob farbig, in Gold eingefasst oder in Verbindung mit Perlen und Edelmetallen oder als Anhänger – bunte Diamanten sind gefragt und Fälscher helfen den Steinen farblich nach. Im Fachhandel wird der Kunde darauf ausdrücklich hingewiesen.

Diamantschleifer Frank Fabecke zeigt mir, wie aus einem rohen Stein von sieben Karat ein geschliffener Stein von 2,61 Karat wird. »Für mich ist jeder Stein eine Persönlichkeit«, sagt der 42-jährige Handwerker. »Hier, sehen Sie, diese Kante muss man noch abschleifen. Die gesamte Schnittfläche weist noch winzige Löcher auf. Da wird noch einiges geopfert werden müssen. Vielleicht kann ich ihn noch etwas trimmen.« Dunkler Diamantstaub legt sich auf die Arbeitsfläche. Ein Rohdiamant verliert etwa die Hälfte seines Gewichtes, bis aus ihm ein Schmuckstück geworden ist. Immer wieder muss abgewogen, akkurat begutachtet und ausführlich diskutiert werden, wie man spaltet und neue Facetten schleift. Eine angenehme Arbeit ist das nicht in der engen, stickigen Werkstatt mit dem schrillen Summton der Maschinen. Rund achtzig Stunden dauert es, bis Fabecke einen Brillanten mit siebenundfünfzig Facetten geschliffen hat. Aber dann erstrahlt der Stein in abstrakt-mystischer Schönheit. Die beliebten kleineren Steine bis zu 1,5 Karat werden seit Jahren schon in Indien oder Thailand geschliffen, der niedrigen Löhne wegen. Größere Steine werden dagegen von Antwerpener Diamantschleifern bearbeitet, weil sie einfach unschlagbar gut in ihrem Handwerk sind.

An der Pelikaanstraat sitzen Antwerpener in der Eckkneipe »De Klok« beim Bier oder Milchkaffee, schweigen oder blicken auf die Straße, auf der sich ihnen das Alltagsbild mit den biblischen Gestalten bietet. Männer stülpen im Nieselregen Plastiktüten über ihre Pelzmützen und Filzhüte. Ringsherum herrscht das 21. Jahrhundert, aber hier schreibt man das Jahr 5769. Es dauert nicht mehr lange bis zum Jahr 6000, dem Jahr im jüdischen Kalender, in dem, wie der Prophet Jesaja verkündete, der Messias kommen soll. Solche orthodoxen Inseln treiben auch in New York und Jerusalem mitten im Meer der Moderne. Auf die »gojische«, die nichtjüdische Welt mit ihren Restaurants und Giebelmadonnen, sind sie nicht angewiesen. Nicht alle leben vom Handel, Schleifen, Spalten oder Verkauf der glänzenden *awóhim-yoju*, der guten Steine: Es gibt die »De Heimishe Bakkerij«, den Schlachter Mosche Steinmetz, den Apotheker Silberglanz, Konfektionsgeschäfte, Kramläden oder »Hoffy's Take Away«, ein beliebtes koscheres Restaurant.

Wer sich in der Stadt umschaut, dem wird so schnell kein Klima der Intoleranz oder Spannungen auffallen. Aber es gibt sie leider. Da erzählt der Inhaber der Bäckerei »Kleinblatt« in der Provincienstraat, er werde als »schmutziger Jude« beschimpft. Andere berichten, sie würden sich kaum auf die Straße trauen, weil sie von Jugendlichen aus dem Maghreb angerempelt und angepöbelt werden. Das früher rein jüdische Viertel ist heute »durchmischt«, und die einst traditionsreiche Bäckerei etwa befindet sich in der Nachbarschaft muslimischer Geschäfte. Viele der orthodoxen Juden, die hier einst preiswert Häuser gekauft haben, würden gerne wegziehen, aber dazu fehlt ihnen das Geld.

Juden und Muslime leben in engster Nachbarschaft zusammen – eine explosive Konstellation. Aber die Juden haben gute Freunde: die Leute vom Vlaams Belang. Louis Davids, ehemaliger Herausgeber des *Belgisch Israelitisch Weekblad*, spendet großes Lob: »Wir haben keine Probleme mit dieser Partei, das sind keine Antisemiten.« Den Mann, der so gelobt wird, treffen wir im Parteibüro in einem feinen Bürgerpalast an der Americalei – um die Ecke, in der Bouwmeesterstraat steht die schönste Synagoge der Stadt, ein Jugendstilbau aus dem Jahre 1893. Filip Dewinter, Fraktionsvorsitzender der Partei, sagt uns: »Wir haben keine Schwierigkeiten mit unseren jüdischen Mitbürgern, sie sind Bestandteil unserer Kultur. Wir sind ihre Verbündeten und treten offen gegen die Intoleranz des Islam an.« Nicht zuletzt wegen derartiger Parolen wurden die Nationalisten zur stärksten politischen Kraft in Antwerpen. Auch mithilfe jüdischer Wählerstimmen.

Ich treffe den jungen Samuel, für den Antwerpen dort beginnt, wo sein jüdisches Viertel endet. Aber er geht nicht gerne »nach Antwerpen«, weil er eine Kippa trägt. Fotos von sich lehnt er strikt ab: »Du sollst dir kein Bildnis machen.« Natürlich kennt er die Fragen, die ich ihm stelle. Er hat sie schon öfter gehört. Er ist der Sohn eines Diamantenhändlers, streng orthodox erzogen. Mit drei Jahren habe er Hebräisch, die Sprache der Bibel, lesen gelernt, und wie alle chassidischen Kinder habe er keine öffentliche Schule, sondern die kleine *chejder* besucht, in der ihnen ein strenger Lehrer den Glauben der Väter und die jüdischen Bräuche mit dem *paplepel* – mit der Muttermilch – eingeflößt habe. Ins Kino oder zum Sportplatz ist er nie gegangen. Daheim gibt es auch keinen Fernseher. Unter chassidischen Juden ist der Kindersegen so groß wie früher unter Katholiken. Eltern mit zehn oder zwölf Kindern sind keine Seltenheit. Alles in seinem Leben dreht sich um die Religion, die Familie und die Halacha, die aus sechshundertdreizehn Geboten bestehende jüdische Gesetzgebung.

Es ist nur ein kurzer Spaziergang, aber es sind Welten, die das Getto vom Großbürgertum rund um Cogels-Osylei trennen. Hier stehen all die überraschenden Zeugnisse aus der Belle Époque, und der Betrachter kommt sich vor wie im Architekturmuseum. Prunk und Protz sind die bestechenden Merkmale. Keine Epoche der Baugeschichte blieb unberührt und ungeplündert. Wenn man durch die Straßen geht, kann man sich schwer vorstellen, dass noch gegen Ende des letzten Jahrhunderts alles abgerissen werden sollte. Dank der Bürgerproteste konnte der Abbruch verhindert werden, und längst ist das Viertel mit all seinen denkmalgeschützten Gebäuden *en vogue*.

Wie ein steinernes surrealistisches Wunderland wirkt das Operettenviertel, dessen Architekten sich an Mythen, Märchen und der Geschichte orientierten. Da werden an Hauswänden Romanzen erzählt, wie etwa die über den Maler Quinten Matsys. Andere schmücken Sonne, Mond und Sterne. Dann steht man vor einer Version des Loire-Schlosses Chambord oder vor dem Haus der »Schlacht von Waterloo«, dessen Fliesen martialisch mit Bajonetten dekoriert sind. Venezianische Palazzi konkurrieren mit griechischen Tempeln. Dort, wo sich Waterloostraat und Rue Generaal van Merlen kreuzen, bilden die hellen Eckhäuser, die die vier

Jahreszeiten symbolisieren, ein harmonisches Ganzes. Der Herbst, ein Damenkopf mit den Traubendolden, gehört zu den großartigsten Art-nouveau-Mosaiken des Landes. In diesem Viertel mit seinem Stilsammelsurium zu wohnen ist der Traum vieler.

»Antwerpen 1894. Im Rausch des neuen Wohlstandes organisiert die Stadt die zweite Weltausstellung… und neue Viertel entstehen – am Südostrand das Cogels-Osy-Viertel, auch Zurenborg genannt«, schreibt Rosine De Dijn, gebürtige Antwerpenerin, in ihrem Stadtführer »Antwerpen« und schickt gleich eine Liebeserklärung hinterher: »Es geht um das Theatralische, das außen Sichtbare. Die meisten Baupläne waren daher auch nur Zeichnungen und Entwürfe für Fassaden… Die Stadthäuser in Zurenborg erzählen ihre eigene Geschichte, haben ihre eigene Poesie, präsentieren ihre stolze Unabhängigkeit. Dieses Stadtviertel bildet ein Ensemble, ist eine Bildreportage, zeigt einen schwindelerregenden Überfluss an Eindrücken, bietet bombastische Begegnungen mit den versponnenen, seltsamen Vorstellungen der Bürger um die Jahrhundertwende.«

Brügge, Melancholie als Standortfaktor

Nach Brügge will jeder. Und es stellt sich sofort die Frage: Bin ich voll da, oder ist das hier eine große Sinnestäuschung. Natürlich hält Brügge dem Realitäts-Check stand. Die Häuser sind nicht aus Pappmaché und die Bilder in den Museen keine Fotografien, sondern wirklich gemalt. Nirgendwo kann ich einen verdächtigen Hinweis darauf entdecken, dass Brügge ein potemkinsches Dorf ist. Die Frage, ob diese Stadt wirklich existiert, kann also positiv beantwortet werden, denn auch die Japaner oder Chinesen, die hier herumlaufen, sind alle echt, und sie tun das, was alle Touristen tun: Statt staunend und schauend, neugierig und wissenshungrig durch die Gassen zu laufen, fotografieren sie die ganze Herrlichkeit. Auf der Suche nach Ewigkeit ihrer Erinnerung vergessen sie, sich die Märchenstadt richtig anzugucken. Der Name Brügge klingt so erfreulich, und es verbinden sich so viele Gedanken an dieses Juwel unter den alten Städten, auch wenn man sie noch nicht gesehen hat, dass man einen imponierenden Ort erwartet.

Aber wie erlebt man ein Weltkulturerbe? Ich würde sagen: Man lässt es auf sich wirken, guckt, staunt und freut sich, dass man hier ist. Eine Erkundung mit dem Auto ist sinnlos. Zum einen ist ein Teil des Zentrums für den Privatverkehr gesperrt, zum anderen sind die Gassen zu eng, oder man verirrt sich im Gewirr der Einbahnstraßen. Vielleicht eine Fahrt mit einer der Kutschen, die am Grote Markt stehen? Das kann romantisch sein und ein nettes Erinnerungsfoto abgeben, aber im Grunde ist auch das nicht ratsam, weil sie auf ihrer holperigen Fahrt lediglich der Standardroute zum Beginenhof und wieder zurück folgen. Bleibt der weise Ratschlag meiner Großstadt-Großmutter, bei der ich oft und gerne zu Besuch war: »Gehe spazieren, sieh in die Ecken, gucke nach oben, betrachte die Schaufenster und die Leute. Aber geh endlich!« Seitdem bin ich ein begeisterter Stadtspaziergänger, denn Spazierengehen ist die elementarste Form, um eine Stadt zu entdecken. Seitdem erschließt sich mir eine Stadt. Vor allem Brügge, von dem ich viele Bilder im Kopf hatte, die ich jedes Mal wieder mitgebracht habe.

Beim Spaziergang setzt sich die Stadt aus einem einzelnen Haus, einer Kirche, einem winzigen Laden, einem netten Hotel oder einem neugotischen Fenster zusammen. Es gibt den Angler, die achtlos hingeworfene Frittentüte, spielende Kinder, und als Spaziergänger spürt man das Wetter. Alles zusammen ergibt dann die Traumbilder, die ich im Kopf hatte.

Der Kern der ehemaligen Hansestadt ist weitgehend unangetastet geblieben und erstrahlt in der Heiterkeit eines mittelalterlichen Stundenbuches. Besucher fragen sich, wie denn an diesem wundersamen Ort mit seinem mittelalterlichen Grundriss überhaupt Menschen leben können. Man muss schon viel mit Brüggelingen, wie die Bewohner genannt werden, reden, um ein mehrschichtiges Bild von dieser mythischen Stadt zu erhalten. Dabei kann ich nicht verhehlen, dass ich weit davon entfernt bin, alles zu glauben, was mir erzählt wurde. Die Brüggelinge, so habe ich herausgefunden – und darin unterscheiden sie sich auch nicht von Amsterdamern oder Venezianern –, erzählen selten die schlichte Wahrheit.

Den schönsten Panoramablick über die Stadt haben Sie

vom Belfried. Aber dafür muss man zuerst die dreihundertsechsundsechzig zum Teil ziemlich ausgetretenen und schmalen Stufen des achteckigen Belfrieds (1482) hinaufsteigen. Belfriede sind das Wahrzeichen aller flämischen Städte und waren Symbol für deren Freiheit. An klaren Tagen reicht der Blick aus luftiger Höhe weit hinaus aufs Polderland bis zur Nordsee. An Tagen, an denen sich der Himmel nicht zwischen Grau und Blau entscheiden kann, reicht es noch für die Türme, die Grachten und die »Brugse pannendaken«, wie man hier so nett sagt, die roten Ziegeldächer der Giebelhäuser – alles Weltkulturerbe. Und wenn man Glück hat, erklingt das aus siebenundvierzig Glocken bestehende Carillon, ein Glockenspielkonzert im Turm.

Es muss ein Großereignis gewesen sein, als 1277 die erste Galeere aus Genua nach Brügge kam. Kurz darauf legten auch die Venezianer mit ihren Schiffen an. Als Welthandelsstadt des 13. Jahrhunderts war Brügge flandrischer Gegenpol zum hochtürmigen Siena, zum stolzen Florenz und zum reichen Venedig. Die Florentiner Herrscherfamilie der Medici besaß in Brügge ein Handelshaus. Die Katalanen, die Genuesen, die Hansestädte Lübeck, Bremen, Hamburg und Danzig, ferner London sowie die süddeutschen Städte, alle waren sie mit Handelsniederlassungen vertreten. In den Speichern lagerten Gobelins aus Oudenaarde, russische Pelze, Falken aus Island, Schwedenerz, Holz aus dem Baltikum, Wolle aus England, schonische Heringe, norwegischer Stockfisch, Gewürze aus Italien, Getreide, Bernstein und Diamanten. Die Mehrsprachigkeit der Bewohner erwies sich als Glücksfall: Sie waren Vermittler zwischen Franzosen und Deutschen.

Mit den hohen Steuereinnahmen der reichen flandrischen Städte wie Veurne, Ieper oder Brügge finanzierte Philipp der Gute von Burgund einen bis dahin beispiellosen höfischen Aufwand. Das in Brügge praktizierte burgundische Hofzeremoniell wurde zum Vorbild späterer absolutistischer Herrscher in Europa. In Flandern tauchte auch erstmals der Begriff

Mode auf. In dieser urbanisierten Landschaft wuchs ein politisch selbstbewusstes und künstlerisch interessiertes Bürgertum heran, das als Symbol für Wohlstand und Fortschritt auf dem Weg in die Moderne stand. Mit Jan van Eyck, dem Hofmaler der burgundischen Herzöge, erreicht die flämische Bildkunst ihre Glanzzeit: Kunst als Spiegelung eines fürstlichen Ideals und der höfischen Gesellschaft.

Aber auch Hans Memling, Rogier van der Weyden oder Hieronymus Bosch und die Malerfamilie Bruegel waren vor allem mit ihren idealisierten Stimmungsbildern die Helden dieser Malerei. Mit der Reformation folgte dann der Paradigmenwechsel in der Kunst. Es war vor allem Peter Paul Rubens, Diplomat und Propagandist der Gegenreformation, der mit atemberaubender Virtuosität Werke geschaffen hat, die die europäische Malerei nachhaltig beeinflussen sollten. Die Künstler von Brügge haben in ganz Europa Bewunderung erweckt. Zahlreiche italienische und spanische Kaufleute ließen sich von Brügger Malern wie Memeling porträtieren. Wie heute folgte bereits in der Renaissance die feine Kunst dem großen Geld.

Mittelalter, wasserumschlossen, stillgestellte Zeit. Es gibt, von Venedig einmal abgesehen, wohl keine andere europäische Stadt, die die Phantasie der Besucher so anregt, Künstler und Schriftsteller inspiriert, wie Brügge. Beide Städte leben vom Dekadenzmythos, sind auf ihre Art so puppenniedlich und vorgestrig, so perfekt restauriert und illuminiert, dass man diesen putzigen Kaufmannsladen als Freizeitpark für den Welttourismus charakterisieren kann. Aber auf den zweiten Blick ist alles gar nicht mehr so mittelalterlich, wie es scheint. Manches ist Dekor. Gotik, Barock, Rokoko und Neugotik haben sich zu einem typischen brüggischen Baustil vermischt. Manches, was als historisches Erbgut verkauft wird, ist im dekorativen neugotischen Stil und unter englischem Einfluss nach der Französischen Revolution entstanden. Etwa die Post, das Rathaus und der Gouverneurspalast am Markt, die Fassade

der Heiligblutkapelle oder die Rijksschool in der Sint Joris-
straat. Briten sprechen daher nicht ohne Grund von einem
viktorianischen Disneyland. Dramatisch ist das nicht, denn die
neugotischen Bauten harmonieren gut mit dem Mittelalter,
und die fieberhaft knipsenden japanischen und amerikanischen Touristen stört der Stilmix auch nicht. Auch Hobbymaler Winston Churchill hat an den Grachten seine Staffelei
aufgestellt. Natürlich hat er sich mit Zigarre, aber ohne Whis-
kyflasche fotografieren lassen. An winterlichen Tagen, wenn
nicht nur Mütter ihren Kindern bunte wollene Mützen auf-
setzen, spazieren die Kenner durch das Brügger Freilichtmuseum. Aber jene Stunden, wenn weicher Nebel fast alles verhüllt, bleiben doch die schönsten Momente für einen Besuch
der flämischen Kapitale. Dann zeigt sich die Stadt in ihrer
ganzen melancholischen Schönheit.

Pilgerwelle auf Pilgerwelle drängt sich vor den Andenken-
und Schokoladenläden und jeder fotografiert jeden vor einem
Giebelhaus. Man erzählt sich, die Bewohner seien stolz darauf, dass ihr steinernes Erbe die Ausländer begeistere, aber
der Tourismus nerve sie gewaltig. Keine Ahnung, ob das
stimmt. Tatsache ist, auch in Brügge ist die Zeit nicht stehen
geblieben. Ein Beispiel ist das moderne, groß dimensionierte
Concertgebouw mit Konzert- und Kammermusiksaal am
Busbahnhof. Eingeweiht wurde der moderne Kunsttempel
mit der »Schöpfung« von Haydn im Jahr 2002, als Brügge
»Kulturhauptstadt« war.

Der erste Reiseführer, das »Itinerarium Brugense« von
1380, lobte schon damals die Schönheiten der Stadt. Brügge
war Drehscheibe im Seehandel mit Nordeuropa und dem
Mittelmeer und finanzielles Zentrum. Die Stadt gehörte zum
Hanseverbund, diesem locker gefügten, politisch-wirtschaft-
lichen Gebilde, das nach europäischen Maßstäben keine
Metropolisierung und folglich keine Provinzialisierung her-
vorbrachte. Gemeinsam mit anderen Hansestädten wie Wis-
mar, Riga, Lübeck oder Soest kann sie auf den glanzvollen

Städtebund zurückblicken. Hier hatten Kaufleute von Hamburg bis Riga, aus Sizilien und Genua ihre Niederlassungen. Das niederdeutsche Dietsch war während der Hansezeit die *lingua franca* und wurde von Lille bis Reval gesprochen. Die Franzosen nannten diese Volkssprache *le flamand*.

Der gute Ruf der Stadt verbreitete sich bis ins ferne Schottland. So waren es schottische Earls, die schon im 12. Jahrhundert die tüchtigen Bürger mit lukrativen Angeboten in ihr wildes Hochland lockten, um städtische Zentren nach flämischem Vorbild zu gründen. Vielleicht trinken viele Flamen deshalb lieber Whisky als Genever, der vor allem bei Touristen beliebt ist.

Brügge ist als architektonisches Ganzes repräsentativ für das mittelalterliche Flandern. Das Zentrum wurde von Marcus Gerard präzis auf einen Stadtplan eingezeichnet, nur der Zugang zum Meer war übertrieben breit. Dieser Plan von 1562 war so etwas wie ein alleslobender Fremdenverkehrsprospekt, mit dem im Ausland geworben wurde, denn als Wirtschaftsstandort hatte Brügge dem neuen Machtzentrum Antwerpen Platz machen müssen. Zwei Jahre lang skizzierte der Renaissance-Topograf Merian die Hansestadt »so weyland keiner anderen in Europa an Herrligkeit hat weichen dörffen und auch solche noch heutigs Tags guten theils erhält«. Und in seiner Beschreibung des »Circuli Burgundici«, des burgundischen Kreises, in dem Flandern »an Macht und Größe keinem Hertzogthumb weichet«, wurden die »Sieben Schönheiten der Stadt Brügge« gezeigt. Ein Werbeprospekt, der suggerieren sollte: Brügge ist modern, in Brügge wird gearbeitet.

Die Grachtenstadt dämmerte wie Pompeji, das die Jahrtausende zugedeckt von der Vulkanasche des Vesuvs überlebte, vor sich hin. Wirtschaftskrisen, die nachhaltige Störung des Geldmarktes durch die Ausbeutung der soeben entdeckten Kolonien in Süd- und Mittelamerika bedrohten Brügges Vormachtstellung. Zum Opfer gefallen ist es schließlich der Natur: der Versandung des Zwin, also des Seezugangs zur

Nordsee. In einem langen Kampf versuchte man, den Wasserweg freizuhalten. Aber nichts half: Brügge war definitiv aus der Geschichte gefallen.

Ein Glockenspiel fängt an zu tönen und vom Belfried erklingt Mozarts »Kleine Nachtmusik«. Manch ein amerikanischer Tourist fragt seinen Stadtführer, wo es denn zum Mozarthaus gehe. Und die erklären den Ahnungslosen zuweilen keck, Mozart sei in Brügge geboren und hier habe er auch all seine großartigen Symphonien und Opern bei Kerzenlicht komponiert. Wer will den geschäftstüchtigen Brüggelingen einen Vorwurf machen, wenn sie den Gästen ihre Illusionen lassen und ihnen auch noch den Weg zum Restaurant »Mozart« erklären. Wer dort einkehrt, um etwa mit Bier zubereitete Gerichte zu bestellen, sieht an den Wänden die Ehrengalerie europäischer Komponisten von Verdi über Wagner und Bach bis zu – eben Mozart.

In guter Stimmung verlassen wir das Gasthaus, nachdem wir uns fröhlich von ausgelassenen Engländern und Japanern verabschiedet haben, kommen am benachbarten »'t Dreupelhuisje«, dem »Tropfenhäuschen«, einer Geneverstube, vorbei und wandern im Schein der Laternen durch die Gassen. Durch das nächtliche Mittelalter mit seinen verlassenen Ufern, den steinernen Brücken und den dunklen Giebelhäusern mit ihren hohen gotischen Fenstern. Manche Briten, Niederländer, aber auch Deutsche haben sich in diese Museumsstadt eingekauft – zum Ärgernis vieler Einheimischer, die sich seit Jahren gegen die zunehmende Kommerzialisierung der Innenstadt wehren. Das Laternenlicht spiegelt sich im Wasser des Rozenhoedkaai. In diesem Kanal, in Sichtweite des immer noch angestrahlten Belfrieds, lagen einst die Hansekoggen aus Lübeck und die Segler aus Venedig.

Beim Spaziergang kommt man auch am Haus des Herrn Lodewijk van Gruuthuse, dem damals reichsten und mächtigsten Patrizier, vorbei. Er verdankte seinen Wohlstand dem Monopol auf Gruut, einem Kräutergemisch zur Herstellung von Bier, das man brauchte, bevor der Hopfen verwendet wurde. Die Menschen hatten schon immer einen guten Durst. Bier war ein Volksgetränk, denn Trinkwasser war damals kostbar. Gruuthuse, Finanzier der Herzöge von Burgund, hatte sich diesen großartigen gotischen Stadtpalast erbauen lassen. Heute ist er das Gruuthuse-Museum, zu dessen Kostbarkeiten Wandteppiche zählen, die in Brügger Werkstätten entstanden.

Über dem Innenhof des Gruuthuse-Museums liegt eine unvergleichliche Stille. Das durch die bunten Glasscheiben der benachbarten Onze Lieve Vrouwe Kerk, der Liebfrauenkirche, einfallende Licht leuchtet auf die hochmittelalterlichen Fresken am Hochaltar. Viele Kunstschätze haben die Brüggelinge im Lauf ihrer Geschichte zusammengetragen. Der wertvollste Besitz, die lebensgroße marmorne »Madonna mit dem Kind« von Michelangelo, ist absolute Pflicht. Die Kaufleute Jan und Alexander Mouscron erwarben diese italienische Renaissance-Skulptur für rund hundert Golddukaten. Es ist das einzige Werk des Michelangelo Buonarroti, zu dessen bedeutendsten Werken die Wandmalereien in der Sixtinischen Kapelle zählen, das noch zu dessen Lebzeiten außer Landes geriet. In der Kirche befinden sich auch die Grabmäler Karls des Kühnen und seiner Tochter Maria von Burgund, der Gattin Kaiser Maximilians und Großmutter von Karl V. Mit ihnen erlebte eines der mächtigsten Herrscherhäuser jener Epoche, das der Herzöge von Burgund, seinen Höhepunkt, aber auch seinen Niedergang.

Im Haus des Domherrn Marcus Laurinus trafen sich Humanisten wie Erasmus von Rotterdam und Thomas Morus. Ostern 1521 kam der weit gereiste und viel beschäftigte Albrecht Dürer zu Besuch. Er ließ sich von seinen Malerkollegen alles zeigen und pries den Kunstreichtum der Stadt: »Darnach führeten sie mich in viel Kirchen und ließen mich alle gute Gemäl sehen, dessen ein Überschwall do ist.« In der Liebfrauenkirche sah Dürer die Pietà und notierte: »Darnach sahe ich das alawaser Marienbild zu Unser Frauen.« Ganz prosaisch fragen wir uns aber doch, wie die schwere Michelangelo-Marmorskulptur nach Brügge gekommen ist.

Die Glanzzeit der Brügger Malerei begann mit Jan van Eyck, dessen Werk auch spätere Generationen überstrahlte. Van Eycks Bildnisse weckten in Italien, Spanien, in Köln ebenso wie in Portugal Bewunderung. Flämische Malerei war begehrt, und die flämischen Künstler waren reiselustig. Auf der Zuckerrohrinsel Madeira malte Jan Provoost in Funchal das Bild der »Schutzmantelmadonna«. Außerdem sind hier Werke von Diederik Bouts, Balthasar van der Aelst oder Gerard Davids zu sehen, denn der Zucker von Madeira wurde in Brügge häufig mit Bildern bezahlt. Andere flämische Maler hatten die Kanaren besucht, und ihre Arbeiten schmücken Kirchen auf La Palma oder Teneriffa.

Im Sint-Jans-Hospital, den restaurierten spätmittelalterlichen Krankenhaussälen, haben gleich sechs Memling-Werke eine angemessene Umgebung gefunden, unter anderem der Ursulaschrein und die »Mystische Hochzeit der hl. Katharina«. In diesem eindrucksvollen Museum erfährt der Besucher manches über das fromme und karikative Leben jener Epoche. Es kann auch der Kräutergarten und eine Apotheke aus dem 17. Jahrhundert besucht werden. Ein anderer stiller Ort ist das Hospital Onze Lieve Vrouw ter Potterie aus dem 13. Jahrhundert.

Auf dem Burgplatz stehen das gotische Rathaus, das im Stil der Neugotik erbaute Gericht und die Heiligblutkapelle. In dieser Kapelle werden Blutstropfen von Jesus aufbewahrt, eine besondere Kostbarkeit für die Stadt. Dietrich von Elsass, Graf von Flandern, hatte sie vom zweiten Kreuzzug 1150 aus Jerusalem mitgebracht. Jedes Jahr am Himmelfahrtstag zieht eine prunkvolle Prozession, deren mystischer Mittelpunkt die Blutreliquie ist, durch die Gassen. An den Fassaden hängen Dutzende von Marienstandbildern, und immer begegnet man Barbara mit dem Turm in der Hand. Jenem Turm, in dem ihr

Vater sie bis zu ihrem Tod einkerkerte, um ihre Hochzeit mit einem geliebten Mann von niederem Stand zu unterbinden. Die heilige Barbara ist eine der populärsten Frauengestalten in Brügge. Obwohl viele Menschen in der vom Katholizismus geprägten Stadt längst von ihrer Amtskirche Abstand genommen haben, ist das Gefühl für deren Kultur, Liturgie und Rituale geblieben und tief in den Menschen verankert.

Mag Brügge ein Freilichtmuseum sein, ständig von Besuchern besetzt, gibt es doch noch viele stille Plätze, an denen man unwillkürlich seinen Gang verlangsamt und die Stadt zu einem Ort der Kontemplation wird. Etwa im ruhigen Osten bei der Spiegelrei-Gracht, am Kruisvest-Kanal oder im Beginenhof. Weit geöffnet ist das schmale Portal zum Beginenhof – Symbol für die weltoffene Haltung der Beginen und auch die der Stadt. Das Grün im ummauerten »Ten Wijngaerde« (Zum Weinberg) lässt den Innenhof purpurfarben glühen, und im plötzlichen Wetterleuchten strahlen die weiß getünchten Giebelhäuser der katholischen Herzdamen wie eine Theaterkulisse. Die Reihenhäuschen mit Vorgärten, in denen heute keine Beginen, sondern Benediktinerinnen leben, umschließen den Innenhof. Hier wird die mythische Tradition fortgesetzt, und Gäste sind willkommen (www.portaalvandestilte.be).

Diese ummauerten Frauenstifte gibt es seit der Zeit der Kreuzzüge, als sich adelige Witwen der Kreuzfahrer zusammentaten, um sich vor der Männerwelt zu schützen. Aufgenommen wurden auch Mädchen und junge Frauen, die sich der Ehe mit einem ungeliebten Mann entziehen wollten oder kein Geld zum Heiraten hatten. Beginen waren religiöse Gemeinschaften ohne klösterliches Gelübde, die sich den Armen und der Erziehung widmeten. Mystik und praktische Diesseitigkeit sind ein Charakterzug der Gemeinschaft.

Diese geschlossenen Gemeinschaften spielten eine wichtige Rolle in den mittelalterlichen Städten Flanderns, denn es gab wegen des ständigen Hauens und Stechens wesentlich mehr

Frauen als Männer. Die Beginen galten als die ersten emanzipierten Frauen und waren daher den hohen Klerikern ein ständiges Ärgernis. Unter dem Vorwand, sie würden ketzerische Revolten anzetteln, wurden die Höfe aufgelöst. Im 17. Jahrhundert erlebten sie eine neue Blütezeit. Eindrucksvoll ist zum Beispiel auch der Beginenhof in Löwen, und sehr flämisch idyllisch zeigt sich auch der Hof von Kortrijk. Ein Häuschen ist als Bed-and-Breakfast-Unterkunft mit modernem Komfort eingerichtet. Der größte Beginenhof steht in Lier und wird ebenfalls von jungen Leuten und Künstlern bewohnt. Von den erhaltenen Beginenhöfen stehen vierzehn auf der Unesco-Weltkulturliste. Wer mehr darüber und über die anderen Unesco-Kulturschätze Flanderns erfahren will, sollte das kenntnisreich geschriebene Buch »Auf den Spuren des Unesco-Welterbes« von Ferdinand Dupuis-Panther lesen. Etwa über Tongeren, älteste Stadt des Landes, mit der gotischen Liebfrauenkirche (ab 1240) – auch sie ist Weltkulturerbe.

Vor sechs Generationen lag Brügge so malerisch danieder, dass es für Romantiker attraktiv war. Die Rehabilitierung der totgesagten Stadt geschah mit dem Buch »Bruges-la-morte«, das tote Brügge, von Georges Rodenbach (1855–1898). Der Symbolist erhob die Stadt in »Bruges-la-morte« zum Mythos, der mit seinen stillen Grachten, verwitterten Treppengiebeln und abgeschliffenen Holpergassen einen Kindertraum verwirklichte.

Längst ist das Mittelalter Stein für Stein geputzt, Haus für Haus restauriert, die Stadtwälle wasserumschlossen, die Grachten sauber und still. An »Bruges-la-morte« wird heute prächtig verdient. Der Schweizer Arzt Felix Platter war im 19. Jahrhundert voll des Lobes: »Die Einwohner in Bruck sindt freundlicher, höflicher, kunstreicher als die anderen Flanderer.« Einen »sachten Gang« wollte der Dichter Rainer Maria Rilke bei seinem Besuch festgestellt haben. Der franzö-

sische Romancier Marcel Proust schickte eine Melancholike-
rin jährlich zur Erholung nach Brügge, »weil das der einzige
Ort auf der ganzen Welt ist, wo die Atmosphäre vollkommen
der notwendigen Trauerstimmung entspricht«. Diesen Satz
muss man zweimal lesen: Melancholie als Standortfaktor.

Küstensommer in Blau und Rot

Nun ja, Oostende hat sich sehr verändert. Früher war noch manches *easy going*. Die feinen Leute haben das süße Strandleben trotz der strengen Etikette genossen – heute inszenieren sie es, unter Berücksichtigung mancher Lifestylecodes und Befindlichkeiten. Aber würde man deshalb noch in der Belle Époque leben wollen? Eventuell als Bonvivant oder Bademeister, der die Damen und Herren vom Strand durch die Brandung schleppte?

Die an Geschichte reiche Hafenstadt gehört zu den Plätzen, die vom Zeitstrom überholt, zurückgelassen und zu provinzieller Bedeutungslosigkeit herabgesunken sind. Doch etwas haben die Bewohner von dem alten Glanz gerettet: Sie setzen auf den Fremdenverkehr und vermarkten die Zeugnisse ihrer Blütezeit als Attraktion. Aber nur die Phantasie kann die Zeit zurückholen, als einst in einer der feinsten Badewannen der Belle Époque die Crème de la Crème des europäischen und russischen Adels im Casino zum Tanz bat, als die Offiziere hoch zu Ross oder in Galauniform über die Boulevards promenierten, um auf die bleichen Schönheiten Europas Eindruck zu machen.

Flanderns Seebad war ein Treffpunkt exotischer Eleganz und frivoler Ausgelassenheit, in dem die reichsten und ältesten Familien Europas mit ihren blonden Tugenden und dunklen Melancholien ihre weltvergessenen Sommertage vertrödelten. Es waren die Aristokratie und die Bourgeoisie gegen Ende des 19. Jahrhunderts, die die Vergnügen am Strand entdeckt hatten. Es entstanden Luxushotels, Tearooms und Bars, Restaurants und Casinos, vor allem aber komfortable Sommervillen.

Bis auf einige Reste vergangener Noblesse und Mondänität ist vieles verschwunden. Manches haben die deutschen Besatzer während des letzten Kriegs zerstört, aber sie haben auch etwas zurückgelassen: den gut erhaltenen Atlantikwall als viel besuchtes Freilichtmuseum im Dünengelände der königlichen Domäne. Der ganz große Rest aber fiel Korruption und Geldgier zum Opfer, und während des Wirtschaftsbooms wurde die gläserne Front von Appartementblöcken mit Seesicht und Dünenblick hochgezogen. Rund zweieinhalb Millionen Touristen verbringen ihren Sommerurlaub hier, und die wollen komfortabel unterkommen. Außerdem wollen sich etwa zwanzig Millionen Tagesbesucher amüsieren und spendieren mehr als zwei Milliarden Euros für das Vergnügen. Die ozonhaltige Luft gibt es gratis, denn Kurtaxe gibt es nicht, und die Benutzung der Strände ist kostenlos. Aber immer noch werfen Projektentwickler und Kommunalpolitiker ihre begehrlichen Augen auf noch unbebaute Flächen an »Flanderns Goldküste«. Aber Massentourismus nach spanischem Vorbild hat sich noch nicht etabliert. Mit der ambitiösen Kunst-Triennale »Beaufort« soll signalisiert werden, dass es neben Sonne, Meer und Terrassen auch Kultur gibt. Alle Sommergäste von Knokke bis De Panne sind eingeladen, Installationen und Skulpturen am Strand, in den Dünen oder in den Badeorten zu begutachten.

Ist das Casino der gesellschaftliche Mittelpunkt eines flämischen Seebades, so ist es der lange Seeboulevard oder der Zeedijk, der vor allem breit sein muss, als Spielwiese. Auch in Oostende ist die Albert I. Promenade, in ihrer mal geflickten, sehr oft aber auch herausgeputzten Pracht oberhalb des Nordseestrandes die Flaniermeile. Die Bauwerke der Koninklijke Galerijen, die Königlichen Kolonaden, das eindrucksvolle und lang gestreckte Thermae-Palace-Hotel und Jugendstilvillen wie »Villa Maritza« oder das benachbarte »Savarin« künden noch von der einstigen Grandeur. Leopold I. hatte die Hafenstadt Oostende als Badeort ins Gespräch gebracht. Sein Nachfolger Leopold II. wurde zum Urbanisten und ließ sie modernisieren und zu einer Sommerfrische ausbauen.

An die Großbürgerbauten mit Kuppeln, maurischen Arabesken, Neorenaissance-Fassaden erinnern nur noch Postkarten, etwa von der königlichen Villa, von der ein Geheimgang zur Villa Iris führte, in der Baronesse d'Vaughan, die Geliebte von Leopold II., wohnte. Nicht nur der König hatte hier seine Mätresse. Die Stadt kannte viele »Häuser der Toleranz«. Oostende war für die katholische Tageszeitung *Veuille d'Ostende* eine »Bühne der Unsittlichkeit« und für das liberale *L'Echo d'Ostende* ein »frivoles Welttheater«. Mit diesem Ruf lockte die Stadt, und fast alle kamen: Gekrönte und Ungekrönte, Londoner Dandys nahmen das Dampfschiff, um dem viktorianischen Mief zu entfliehen, bayerische Prinzen und russische Großherzoginnen, Erbschaftsverprasser und Lebemänner, Brüsseler Schönheiten und deutsche Industrielle, württembergische Fürsten und der Schah aus Persien mit seinen Haremsdamen. Oostende war ein Tummelplatz für diese Sommertouristen avant la lettre, die noch die Sternstunden der alten Zeiten genießen konnten, tagsüber am Boulevard und am Abend im Casino. Dazwischen liegen die Übergänge, jene faszinierenden Momente an der See, die durch den Bauch gehen wie Jazz. Daher liebe ich hier die Sonnenaufgänge und -untergänge.

Ein wenig von dieser »schönen alten Zeit« soll wieder lebendig werden, und es wird hart gearbeitet, um dieses Ziel zu erreichen. Im Casino befindet sich das Feinschmecker-Restaurant »Ostend Queen« mit der weiten Aussicht auf die Nordsee und kulinarischen Sensationen auf den Tellern. In Oostende hat die Badekultur einen selbstverständlicheren Stellenwert als in Knokke, dem reichsten Seebad, das sich gerne Monaco des Nordens nennt und auch so tut. In diesem schicken Seebad mit einer Fülle von Kunstgalerien und Modeboutiquen, wo die Sträucher scheinbar mit dem Lineal geschnitten werden, der Rasen mit der Nagelschere getrimmt und in den weißen Villen manches an Schwarzgeld aus Antwerpen, Düsseldorf oder Holland steckt, werden Touristen mit einer »Frigobox«, einer Kühltasche, mitleidig belächelt.

Vielleicht ist die Nonchalance in Oostende ein Verdienst ihres bissigen Chronisten James Ensor. Die Bewohner nannten den Künstler wegen seiner Vorliebe für alles Morbide »Pierrot, den Toten«. Der »Hofmaler des Absurden«, ein schwarz gekleideter Snob mit Zylinder, war ein kritischer Beobachter des Seebades, damals noch ein Ort von Weltruf. Er ließ sich auf seinen Spaziergängen durch seine Heimatstadt von der Naturschönheit, vom Wechsel der Wolken, vom Rauschen des Wassers beflügeln. Der Expressionist malte das spezielle Licht, das so typisch für das Seebad ist. Ensor malte die Nymphen und Sirenen, die Koketten und Kokotten, die er mithilfe seines Fernrohrs beobachtete. Da war er keine Ausnahme. Fast jeder Gast war ein Voyeur, und der Absatz an Feldstechern und Operngläsern war groß.

Die feine Gesellschaft und die armen Fischerfamilien waren Ensors Helden. In seinen Bildern ging es um das Milieu der Gekrönten und Richter, der Nutten und Geistlichen, oder anders ausgedrückt: um die Dinge des Lebens. Er malte das reichste Publikum Europas im damals teuersten Badeort Europas und wurde vom belgischen König Albert I. in den Adelsstand erhoben. Baron Ensor, der einen eigenständigen Expressionismus entwickelte und Wegbereiter der Surrealisten war, hat den Aufstieg von Oostende, das sich selbst als

»Königin der Seebäder« sieht, miterlebt und wie kein anderer das bunte Strandtreiben, eine Mischung aus Karneval und Liebesgarten, gemalt, skizziert, interpretiert und der Haute-volee die Narrenkappe aufgesetzt. Einen besseren Botschafter konnte sich Oostende nicht wünschen als Ensor, der über seine Stadt schrieb: »Oostende, ein Strauß aus Freude, Frische, Gesundheit und künftiger Humanität. Oostende, eine ungewöhnliche Stadt, Paradies für Maler, Göttin des hellen und isabellfarbenen Lichtes.«

In seinen scharfen Pinselstrichen zeigt er die Menschen, für die Erotik Zeitvertreib war und die mit scheinbar nichts anderem beschäftigt waren, als das andere Geschlecht heimlich zu betasten und zu beobachten. Ensor treibt seinen Spott mit dem vorgetäuschten Vornehmgetue und der gespielten Unschuld der Menschen. »Ich setze den Menschen Masken auf, um sie zu entlarven«, sagte der »Maler der Masken« einmal. Der Satiriker, der wie Hieronymus Bosch die Todsünde, den Tod und die Monstren malte, wohnte in der Vlaanderenstraat, in der seine Tante damals einen Kuriositätenladen hatte. Sein Geburtshaus wurde, obwohl es unter Denkmalschutz stand, abgerissen.

Der berühmteste Sohn der Stadt, der immer ein Außenseiter blieb, hat ebenso wie den norddeutschen Maler Emil Nolde, der ihn 1911 aufsuchte, auch den deutschen Expressionisten Max Beckmann fasziniert. Er sah wie Ensor die Welt als Theater, und in diesem Welttheater spielt jeder von uns eine andere Rolle. Beckmann malte den Strand von Oostende 1932 und korrigierte das Bild 1945. Bazon Brock, Professor für Ästhetik, interpretierte die Maskerade so: »Der Druck, auch im Alltag die Rolle zu spielen, die die Umwelt einem zumutet, machte aus der Lust an der Maskerade einen permanenten Maskenzwang.«

Und schon sind wir in der Unbeschwertheit des »Balls der toten Ratte«. Einer der schrillsten und traditionsreichsten Maskenbälle Europas, ein Künstlerfest der Kreativen. Es treffen sich Prinzen und Prinzessinnen, Geister und Gangster, Tod und Teufel. Beim Kultereignis drängen sich zeitweise bis zu siebentausend Tänzer in den Kasinosälen. Die Mottos der Bälle spiegeln Zeitgeschichte und Reisetrends wider. Der Rattenball wurde vom Maskenfreund Ensor ins Leben gerufen. Die Belle Époque war eine bereits brüchige Welt. Die Idee dazu war ihm übrigens nach seinem Besuch im Pariser Cabaret »Le Rat Mort«, einer Kleinkunstbühne am Montmartre, gekommen. Am ersten Freitag im März sind die Maskierten in Oostende unterwegs. Im Fischerviertel der Stadt treffen sie sich zum Umzug, und in den Kneipen am Vissersplein, dem alten Fischmarkt, wird heiter-derb weitergefeiert.

Ensor hatte seine Geburtsstadt, bis auf seine Lehrjahre in Brüssel, nie verlassen und erklärte auch, warum: »Weil das Licht hier so besonders ist und das Spiel der Sonne im Meerwasser mich so aufwühlt.« Mal ist der Himmel tiefgrau, so grau, dann knallblau wie auf Plakaten aus der Karibik. Dann wieder brennt die Sonne mit einem Licht, das den Strand zu Gold werden lässt. Blau und Rot, die Farben des flämischen Küstensommers, sind auch Ensors Farben. Dem Meer und der Seeluft werden heilende Kräfte zugesprochen, und die Unendlichkeit von Ebbe und Flut, das nie endende Geräusch der Wogen gilt als erholsam für den Geist. Der Gesundheitsaspekt war schon früher der Vorwand für einen Aufenthalt am Meer.

Ensors Kommentar zu diesem Phänomen ist sein bekanntes Werk »Die Badenden von Oostende«. In diesem mit erotischen Anzüglichkeiten gefüllten Bild schickte er seine Figuren ins reinigende Meer. Im Badekostüm waren alle gleich. Im Gewühle der Brandung nimmt er sie alle aufs Korn. Dieses Gemälde sollte auch in einer Ausstellung des Avantgardeclubs »La Libre Esthétique« gezeigt werden, wurde dann aber doch nicht aufgehängt, weil Karikaturen aus der Hand eines »akademischen Malers« als unseriös galten. Als Leopold II. zur Besichtigung kommt, berichtet Ensor dem König, seine wichtigste Arbeit habe man versteckt. Nachdem der Monarch das Werk betrachtet hatte, sagte er: »Ensor hat nicht übertrieben. Die See und die Badenden halten wirklich manch wunderliche Überraschung für uns bereit. Mein Kompliment. Ich finde das Bild schön.« So erhielt es seinen Ehrenplatz in der Ausstellung, und die Stadt hatte ihren Skandal.

Es ist wieder ein »charaktervoller« Tag. Mit diesem Wort umschreibt der flämische meteorologische Dienst wechselhaftes Wetter mit viel Sonne, Wolken und Windböen. Wetter oder kein Wetter. Doch egal, was Meteorologen auch vorhersagen: Menschen mit Sehnsucht zieht es ans Meer. Keine Buchten zerklüften den Sandstrand, nirgendwo fällt das Land plötzlich zum Wasser hin ab – daher ist er auch so kinderfreundlich. Breite Dünenkämme trennen Meer und Land – Luxus der Extravaganz. Die Luft riecht nach Salz und enthält gesundes Jod. Bereits ein Tag am Meer ist Erholung pur.

Der Küstentourismus boomt wie nie zuvor, und es fällt dem entspannungssüchtigen Besucher schwer, ein stilles Plätzchen zu finden. Natürlich kann man großräumig die Küstenstraße umfahren, aber haben Sie schon mal von einer Küstentram gehört? Schon dieses rühmenswerte Beispiel des Personennahverkehrs ist ein Erlebnis. Wo sonst hat man das schon? Eine Fahrt mit der Straßenbahn ist einmalig in ganz Europa. »De Lijn«, so heißt sie, fährt entlang der gesamten flämischen Nordseeküste. Mit der Tram ist man dem Meer oft so nahe, dass man denken könnte, man bekäme nasse Füße. De Lijn verbindet alle dreizehn Badeorte zwischen der französischen, De Panne, und der niederländischen Grenze, Knokke.

Auf der Fahrt durch die parkähnliche Dünenlandschaft kommt man nach De Haan / Coq-sur-Mer, wo man am »Tram Huisje«, der denkmalgeschützten Art-deco-Haltestelle, aussteigt und sich in die Belle Époque, die wir die gute alte Zeit nennen, zurückversetzt fühlt.

Leopold II., der zwanghaft immer neue Gebäude errichten

musste, hatte mit dem Ausbau von De Haan zum Seebad einen guten Riecher bewiesen. Er beauftragte den deutschen Architekten Josef Stübben (1845–1916) mit dem Entwurf eines parkähnlichen Ortes auf einem Staatsgrundstück. Die Planung wurde zentral gelenkt, und die Gemeinde hatte, zum Glück, keinen Einfluss auf die Gestaltung: Dadurch gab es weniger Vetternwirtschaft und Willkür als sonst üblich. So konnte ein Badeort verwirklicht werden, der noch heute der schönste der gesamten Küste ist. Als Vorbild dienten Stübben der schicke französische Atlantikort Arcachon und die englische Landschaftsarchitektur. Bis zur Stunde ist diese großzügige und luxuriöse Seebadherrlichkeit der Belle Époque weitgehend bewahrt geblieben. Auch deutsche Gäste schätzen die Atmosphäre, und das lassen sie sich auch etwas kosten: De Haan ist ihr beliebtestes Ziel an Flanderns Goldküste.

Am späten Nachmittag promenieren die teuren Frauen in Begleitung von Männern, die Erfolg vermitteln, trinken ihren Aperitif auf einer Terrasse oder in der Bar. Lebenskünstler aus Düsseldorf, Theatermenschen aus Antwerpen, Hochstapler aus Brüssel. Einem Ortsansässigen kann man die gute Laune verderben, wenn man Schwarzgeld erwähnt. Die mit Ornamenten reich verzierten Villen im normannischen oder Artdeco-Stil mit großen Fenstern, Holzbalkonen und Türmchen auf dem Dach tragen klangvolle Namen wie Zeemeermin, (Seejungfrau). Die Straßen, die sich an den traditionellen Gebäuden entlangwinden, sind extra so kurvenreich angelegt, damit Spaziergänger nicht von rasenden Autos behindert werden können.

Einer der berühmtesten Gäste war Albert Einstein. Er war 1933 vom König mit seiner Familie in die schneeweiße Villa Savoyarde, Shakespearelaan, eingeladen worden. Der Nobelpreisträger mit der grauen Haarmähne, blieb ein halbes Jahr in dieser Idylle, bis er nach Amerika auswandern konnte. Während dieser Zeit spielte er öfters mit Königin Elisabeth gemeinsam Violine. Die gebürtige Wittelsbacherin war eine begnadete Violinistin.

Es ist das Konzept aller Seebäder mit einem Spielcasino: Man fühlt sich leicht, wenn man ankommt, und man fühlt sich erleichtert, wenn man diese Orte wieder verlässt, weil die Kreditkarte gesperrt worden ist. Zum Glück hat De Haan kein Casino, dafür gibt es angenehme Restaurants und nette Hotels, die den Dispositionskredit beanspruchen könnten. Aber das irritiert einen Flamen nicht, egal was passiert, wenn es ihm einmal irgendwo gefallen hat, kehrt er gerne zurück. Und an seiner Küste gefällt es ihm ausnehmend gut. Während die Waghalsigen, Holländer und Portugiesen, Engländer und Brandenburger, übers Meer fuhren, blieben die Flamen daheim. Nicht, dass ihnen das Meer einerlei wäre, aber weiter als bis zum Bauchnabel waten sie nicht ins Wasser. Sie sitzen lieber vor ihrer Badehütte, Füße im Sand, und träumen sich die Meeresweite vom sicheren Dünenplatz aus. Was sie gerne tun, ist, der roten Sonnenkugel beim Untergang zuzusehen – am liebsten mit einem Aperitif in einem Strandcafé – »terrasje doen« heißt dieses Vergnügen. Ansonsten flaniert der Flame mit seiner Frau oder Freundin, promenadenfein gemacht und mit Modehündchen im Arm, über die angenehm breiten Seeboulevards, auf denen zwischen den Spaziergängern Kinder und Jugendliche radeln. Alles, was zwei, vier, sechs Räder hat, wird vermietet und belebt die Promenade, etwa die Billekarren (Kettcars, die bis zu acht Personen Platz bieten). Flanieren und beobachten, spielen und genießen. Das hat Tradition und ist Ritual zugleich.

Die Kaiserstadt Gent
und ein Welträtsel

An diesem sonnigen Freitagmorgen tritt in der Sint-Bavo-Kathedrale in der alten Stadt Gent ein freundlicher Herr an den
Altar. Er ist der Fremdenführer, kein Zweifel. Das erkennt
man am Schildchen an seiner beigen Jacke. Er sieht müde und
abgekämpft aus. Dies ist bereits die dritte Gruppe, der er die
Bilderfolge erklärt, und dabei hat der Tag erst begonnen. Der
stadtkundige Mann hat eine Schulklasse vor sich und hat zu
erzählen über das Werk, über die Stifter, über die Farben, über
den Maler Jan van Eyck, über das späte Mittelalter, über die
Stadt und über das gemalte Wunder.

Gent war eine reiche Stadt und spendabel. Während der
Burgunderzeit gaben die Stadtväter etwa ein Viertel ihres
jährlichen Haushaltes für Kunst aus. Eine unglaubliche
Summe. Gent, wegen seiner eindrucksvollen Turmsilhouette
»Manhattan des Mittelalters« genannt und Geburtsstadt des
Habsburgerkaisers Karl V., besitzt eines der wertvollsten Bil-
der des Abendlandes: das Polyptychon »Die Anbetung des
Lamm Gottes« der Brüder Jan und Hubert van Eyck. Die auf
zwölf baltischen Eichentafeln gemalte Allegorie faszinierte
Künstler wie Albrecht Dürer und lockte Fürsten, Kardinäle

und Wallfahrer. Wohl auch, weil mit der selbstbewussten und stolz dargestellten Eva zum ersten Mal eine Frau öffentlich nackt zu sehen war und so intim, dass ich glauben könnte, van Eyck habe es aus Kussnähe gemalt, und aus derselben Nähe möchte ich es auch betrachten können, wenn es denn möglich wäre.

Es ist ein Zeitdokument mit Ewigkeitswert. Der Künstler teilt uns viel über die humane Dimension jener Epoche mit, wir erfahren etwas über die bürgerlich-höfische Burgunderzeit, über Mode, Musikinstrumente, Gebäude, Wohnstil, Waffen, Frisuren, Schmuck, Pflanzen und Tiere. Die dargestellten zweihundertachtundfünfzig Personen, die Vielfalt an Blumen, Pflanzen und Bäumen sowie die Gewänder wurden so präzise in Öl ausgeführt, dass sie in dieser Vollkommenheit seither nicht mehr übertroffen worden sind. Kein Maler zuvor hat historienbildartige Massenszenen so miniaturisiert. Und so schweifen meine Augen über Figuren und Farben und bleiben dann an dem einen oder anderen Motiv hängen. Es ist einfach zu viel, um alles verarbeiten zu können. Allein siebenundvierzig Pflanzenarten wie Gänseblümchen, Rosen, Nelken, Lilien, Löwenzahn, Maiglöckchen und Orchideen zieren in mikroskopischer Detailschärfe das Retabel. Einige Blüten seien nur mit einer Lupe zu identifizieren, erklärt unser Führer, und der Pinsel des Malers sei so fein gewesen, er hätte nur aus einem einzigen Pferdehaar bestanden, um die feinen Staubgefäße in den Blüten malen zu können

Unsere Augen registrieren jede Minute Tausende von Dingen. Viel zu viel, um alles deuten zu können. Darum konzentriert sich der Blick auf wenige Dinge. Das bedeutet aber nicht, dass außerhalb des Blickfeldes der Konzentration Dinge unbemerkt bleiben, die dann bei plötzlichem Interesse blitzschnell zum Mittelpunkt werden. So geht es mir, wenn ich vor diesem fünfundzwanzig Quadratmeter großen Retabel stehe. Diese Zahl muss man langsam aussprechen: Fünfundzwanzig Quadratmeter, Millimeter für Millimeter gemalt! Was dieses

Bild auf die damaligen Menschen für einen Eindruck gemacht haben muss, denn so etwas Sensationelles hatte es bisher in der abendländischen Malerei noch nicht gegeben. Erst viel später haben andere Maler, etwa Rubens, mit Großbildern von sich reden gemacht.

Das »Lamm Gottes« ist eine Bilderfolge, in der Jan van Eyck seinen visionären Blick auf die Einheit der Kirche dokumentierte und aufgrund der humanistischen Konzeption des Universums die Frage nach dem Menschen und seinem Verhältnis zu Gott stellte. Warum der Name? Lamm Gottes steht symbolisch für Jesus Christus, der Vermittler zwischen Gott und den Menschen. Jesus wird im Neuen Testament als Lamm dargestellt, und rund um das Lamm entfaltet sich die himmlische Liturgie der Apokalypse des Johannes.

Dass die Menschen der Renaissance dieses Werk liebten, überrascht nicht. Die Arbeit spricht das Gefühl an, ist handwerklich formvollendet und fordert den Betrachter zur Deutung heraus, der, sei er religiös oder nicht, eine Vorstellung bekommt von dem, was Frömmigkeit und Demut, was Mystik und Ekstase bedeuten. Jeder, der die einzelnen Szenen genauer betrachtet, wird wohl jenen Zustand erreichen, in dem man zweifelt, ob man über genug Wissen und die richtigen Worte verfügt, um das Bild zur Gänze verstehen, geschweige denn beschreiben zu können. Kurz: van Eycks Arbeit vereinigt alles, was ein Meisterwerk ausmacht.

Dieses großformatige Flügelretabel der sichtbaren Innerlichkeit hängt mit einigen Unterbrechungen seit 1432 in der Kathedrale Sint Bavo (auch Sint Baafs genannt) und ist die Ikone der flämischen Malerei. Deshalb drängeln sich die Besucher aus aller Welt vor der Bilderfolge.

Aber wir Neugierigen werden in der Seitenkapelle zum Narren gehalten, denn wir bestaunen lediglich eine farbenfrohe Agfa-Reproduktion. Die meisten Betrachter hätten das gar nicht gemerkt, wenn der Guide sie nicht darauf aufmerksam gemacht hätte. Um das Original zu sehen, müssen wir quer durch das Gemäuer zum anderen Ende der halbdunklen Kathedrale laufen. Dort, in weihevoller Umgebung, ist der 3,75 Meter hohe und über fünf Meter große Flügelaltar hinter einer dreiunddreißig Millimeter starken schuss- und säuresicheren Glaswand geschützt. Eigentlich nicht schlecht geplant, zuerst das Bild in der Kapelle, für die es ja gemalt wurde. Denn jede Reproduktion verführt dazu, das Original zu sehen. Erst dort sieht man, wie genial van Eyck gemalt hat. Die hohe Transparenz vermittelt das Gefühl, als ob mildes Licht vom Untergrund des Werkes durch das Bild strahlt. Ein gottgleicher Schöpfer muss van Eyck gewesen, ein Genie, weil er etwas schuf, das es in der europäischen Kulturgeschichte nie zuvor gegeben hatte.

Dieses großformatige Werk, ohne das Leonardos Mona Lisa anders ausgesehen hätte, hat auf Mächtige immer eine große Anziehung ausgeübt. Aber die Frage ist unbeantwortet, warum dieses Werk Könige und Diktatoren besitzen wollten. Die calvinistischen Bilderstürmer und König Philipp II. von Spanien bekamen eine gute Kopie untergeschoben. Dann beschlagnahmte Napoleon es für sein Musée Napoleon (der spätere Louvre), und Hitler requirierte das Prunkstück für sein geplantes Linzer Museum. In Neuschwanstein war »Adam und Eva« schon gewesen. Aber auch wir Zuschauer, die wir vor dem Meisterwerk stehen, werden irregeführt. Die Bildtafel mit den »Gerechten Richtern«, links unten, ist eine Kopie des Malers Jef van der Veken (1872–1964). Das Original wurde in den Dreißigerjahren des letzten Jahrhunderts gestohlen, und bis zur Stunde fehlt jeder Hinweis auf seinen Verbleib, obwohl eine Truppe von Kriminalisten, Paragnosten, Wünschelrutengängern, Rosenkreuzlern und *wizkids* in den digitalen Schatzkammern oder anderen möglichen Verstecken immer noch am Suchen ist.

Aber zurück zu dem Diebstahl, der bis heute rätselhaft und unaufgeklärt ist. In der Nacht zum 11. April 1934 wurden die Tafeln »Johannes der Täufer« und die »Gerechten Richter«

entwendet. Der Johannes wird im Gepäckfach des Brüsseler Nordbahnhofs zurückgefunden. Von den »Gerechten Richtern« fehlt bis heute jede Spur. Es ist einer der spektakulärsten und spannendsten Kunstdiebstähle aller Zeiten. Die Stimmung im Land war pessimistisch, alles schien sich gegen Belgien verschworen zu haben: König Albert I. stürzt bei Marche-les-Dames bei Namur von einem Felsen – Mord oder Unfall? Rezession und Arbeitslosigkeit, eine Regierungskrise löst die andere ab. Menschen suchen Trost in Marienerscheinungen. Und dann auch noch dieser Kunstraub. Die Gläubigen verzweifeln, anscheinend ist nichts mehr heilig und sicher auf dieser Welt.

Wer aber sind die Diebe? Welche Motive können sie gehabt haben? Gibt es Hintermänner im Bischofssitz? Da sind die in höflichem Französisch formulierten zwölf Erpresserbriefe an den damaligen Genter Bischof Coppieters, unterzeichnet mit D.U.A.: Bedeutet das »dans une armoire« (in einem Schrank) oder »door U aangesteld« (in Ihrem Dienst)? Oder gar »Deutschland über alles«? Man vermutet eine Verschwörung, lässt so manchen Gauner verhaften. Nach einer Rede vor der »Katholischen Union« in der historischen Stadt Dendermonde bricht der Effektenhändler und Hobbymaler Arsène Goedertier zusammen. Seine letzten Worte vor seinem Tod: »Ich allein weiß, wo sich das Lamm Gottes befindet... in der Schublade...« Von da an galt er als der mutmaßliche Täter. Heute umfasst das Dossier sechshundert Seiten und viele offene Fragen.

Der Mann, der mich über den spektakulärsten und rätselhaftesten Kunstdiebstahl des letzten Jahrhunderts aufklären soll, heißt Karel Mortier. Der Genter Hauptkommissar, Typ Tatort-Kommissar Krug, erhält vom belgischen Staat den offiziellen Auftrag, das Werk aufzuspüren. Mortier setzte modernste Technik ein, um das Bild in den gotischen Gemäuern der Kathedrale aufzuspüren, denn er vermutet, dass es dort versteckt ist. Etwa jene Kameras, mit denen auch in den

Pyramiden nach geheimen Grabkammern gesucht wird. Er veranlasste DNA-Untersuchungen und kam Leichenfledderern auf die Spur, die den Totenkopf von Goedertier als esoterisches Pendel – nach Art von Wünschelrutengängern – benutzt hatten. Die Grabschänder glaubten, der Schädel des Diebes würde sie zum Versteck führen.

Mortier erzählt mir: »Der Code zum Fundort steckt in den Erpresserschreiben.« Aber diesen Code hat noch niemand entschlüsseln können. Mortier reiste nach Sylt, wo er die Witwe des Wehrmachtoffiziers Henry Koehn von der Abteilung »Kunstschutz« aufsuchte. Während der Besatzung Belgiens hatten die Deutschen unter Koehns Leitung zwei Jahre nach dem Bild gesucht. Sein Bericht umfasst zweihundertsechzig Seiten, aber das Rätsel konnte auch er nicht lösen. 2002 meldete sich ein Spurensucher, einer von vielen. Auf seiner Website dua.host4all. verkündete er, er wisse, wo die gestohlenen Richter versteckt seien. Der Mann wird später als ein 65-jähriger Genter Taxifahrer enttarnt. Hunderttausende beteiligten sich im Internet an der Suche. Ohne Erfolg. Karel Mortier ist überzeugt: »Das Bild befindet sich im Turm der Kathedrale.« Aber er glaubt, dass die Nachforschungen höheren Orts und von der Kirche behindert werden. Verschwörung, Erpressung, Intrigen, politische Machtspiele? Auch der Profi Mortier, der immerhin drei dicke Bücher zum Thema geschrieben hat, kennt die Antwort nicht. Ich besuche den Sekretär des Bischofs in seinem Palais. Er ist katzenfreundlich, aber ansonsten kann oder will er nichts sagen: »Die Ermittlungen laufen.« Hinter seinem Schreibtisch steht eine Tafel mit den »Gerechten Richtern« in Originalgröße. Sollte es das geklaute Bild sein?

Schwindelig von all den Verschwörungstheorien rund um ein Meisterwerk der abendländischen Kunstgeschichte lasse ich auf einer sonnigen Terrasse im Schatten der Kathedrale das Gesehene und Gehörte auf mich wirken. Es ist Mittwochmittag, und da haben die Mädchen des Internats Sint Bavo Ausgang bis sieben Uhr. Sie tragen die vorgeschriebene moos-grüne Schuluniform. Internate sind nach einer langen Flaute wieder populär in Flandern. Vor allem bei Holländern, denn hier wird auch Sozialverhalten vermittelt, wie man es vielen Kindern wünscht. Die drei Mädchen am Tisch heitern sich gegenseitig auf und erzählen, dass sie sich im Internat wohl-fühlen. Die Ältere kräht, dass dort schon mal ein gesundes Chaos sei, und teilt wortreich mit, mittags habe es Kerbel-suppe, Putenfilet mit Pfeffersauce, Fritten, Karotten und zum Dessert einen Apfel und eine Waffel gegeben. Und die Inter-natsleitung findet sie auch okay. Und das mit dem strengen Tagesrhythmus? Ach, daran gewöhne man sich. Um sieben Uhr aufstehen. Nach dem Besuch der externen Schule müssen die Jüngeren im Studiersaal, die Älteren auf ihren Zimmern Schularbeiten machen. Abends dürfen sie die Fernsehnach-richten um sieben Uhr sehen. Die Zeit bis neun Uhr steht zur freien Verfügung, danach klingelt es, und alle müssen ihre Zimmer aufsuchen. Um halb zehn geht bei den Jüngsten und um halb elf bei den Älteren das Licht aus. Mit der strengen Hausordnung haben sie keine Probleme. Am Wochenende fahren sie nach Hause, obwohl manche, vor allem die Sech-zehn- bis Achtzehnjährigen, gerne in der Stadt bleiben wür-den, wie die drei mit Nachdruck bekräftigen.

In einer fremden Stadt verhält man sich aufgeschlossener als daheim und interessiert sich mehr für die Menschen und die Gebäude. In der Fremde scheint alles interessanter als am eigenen Wohnort, wo man selten ein Museum oder eine Kir-che besucht. Ein Reisender ist wie ein Hund, er schnüffelt und geht weiter, schnüffelt wieder und geht wieder weiter. Wer in der alten Kaiserstadt nicht weiß, wohin zuerst, kann es wie Al-brecht Dürer halten. Denn im historischen Zentrum hat sich seit seinem Besuch nicht so arg viel verändert. Der Nürnber-ger besichtigte nach seiner Ankunft in der »großen und wun-derlichen Stadt«, wie er Gent nannte, unverzüglich die seiner Meinung nach wichtigste Sehenswürdigkeit Europas, eben das »Lamm Gottes«. Dürers schriftlich überlieferte Reaktion: »Ein überköstlich, hochverständig gemäl.«

Übernachtet hatte er in der Herberge »Zum Roten Hut« in der Straße Klein Turkije. Die »Kleine Türkei« erinnert an die Zunft der Gewürzhändler, eine der dreiundfünfzig Zünfte. Ein anderes historisches Hotel ist der »Jorishof«, der wohl älteste Gasthof Europas. Napoleon, Kaiser Maximilian, der hier seine Verlobung mit Maria von Burgund feierte, und andere Berühmtheiten der Geschichte, haben hier »onder de wol« gelegen, also übernachtet.

Gent mit seiner berühmten Turmsilhouette war einst die selbstbewusst-rebellische Hauptstadt der Grafschaft Flandern und nach Paris die zweitgrößte Stadt in Mitteleuropa und in jüngster Zeit die sozialistische Hochburg Flanderns. So wie sie Jacques Brel verehren, jenen Chansonnier, der in einer seiner schönsten Balladen seine Heimatstadt und das platte Land besungen hatte, so mögen sie alles, was mit der Kunst und dem guten Leben zu tun hat. Auch diese auf dreißig Flussinseln in Schelde und Leie erbaute Universitätsstadt, die ihre lange Geschichte trägt wie der englische Landadel die geliebten alte Tweedjacken.

Die Universitätsstadt Gent überwältigt durch eine kunterbunte Mischung aus zehn Jahrhunderten Baugeschichte, die vom frühen Mittelalter, Barock und der Renaissance über die Art-deco-Gebäude der Gewerkschaften und Sozialdemokraten bis zum Zeitgenössischen reicht. Über die Landesgrenzen hinaus bekannt ist S.M.A.K., das Museum für Moderne Kunst. Sein langjähriger Direktor Jan Hoet trug mit Unterstützung von Künstlern und Mäzenen eine faszinierende Sammlung zusammen: Andy Warhol, Mario Merz, David Hockney, Joseph Beuys, Luc Tuymans. Ein beliebter Treffpunkt ist das Künstlercafé im Museum.

In den alten Kirchen hängt die Luft von Bohnerwachs und Weihrauch, und im trüben Wasser der Leie spiegeln sich an Korenlei und Graslei die Giebel der restaurierten Zunfthäuser. Hier gingen einst die Handelsschiffe vor Anker. Hier wurden all die kostbaren Güter angeliefert, die die Stadt reich machten. Und um das historische Bild am Wasser zu erhalten, entstand an der Graslei hinter vier authentischen Gebäuden ein modernes Marriotthotel mit Atrium und Innenbalkons. So blieb die Postkartenidylle am alten Stadthafen erhalten.

Das sehr steinern wirkende Gent ist nicht so verspielt heiter wie das benachbarte Brügge. Wie ein mächtiger Zeigefinger ragt der einundneunzig Meter hohe Belfried (aus dem Jahr 1313) zum Himmel – ein Zeichen bürgerlicher Freiheit. Die Grafen von Flandern haben das freilich anders gesehen. Für sie verkörperte der Belfried bürgerliche Unbotmäßigkeit. Wer ein Jahr und einen Tag in Gent wohnte, wurde Bürger mit allen demokratischen Rechten und Pflichten, und drei Viertel aller Bewohner konnten bereits lesen und schreiben. Noch im 17. Jahrhundert beschrieb Caspar Merian Gent als die rebellischste Stadt Europas.

An einem dieser Tage, wenn man in den sanften Nieselregen auf die Aussichtsplattform des Belfrieds hinaustritt, lässt sich erahnen, wie unbehaglich sich Kaiser Karl V. in seiner Geburtsstadt gefühlt haben muss, die gegen ihn, ihren berühmten Sohn, in Aufstand geraten war. »Ganda delenda est« – Gent muss zerstört werden –, hatten ihm seine Ratgeber gesagt, bevor er den Stadtturm bestieg, um noch einmal die Schönheit dieser Stadt zu sehen. Die mächtigen Zünfte hatten sich geweigert, extra Steuern einzutreiben, damit der Kaiser seinen Krieg gegen Frankreich finanzieren konnte, um seine Herrschaft über ganz Europa auszubreiten. Da kam er höchstpersönlich, ließ fünfzig Patrizier barfuß und mit einem Strick um den Hals durch die Gassen laufen, sie um Gnade flehen und verfasste die »Concessio Carolina«, die der Stadt sämtliche Privilegien entzog. Die Stadt zu zerstören, das brachte er dann doch nicht fertig. Resigniert musste der Kaiser seinen Traum von einem modernen und vereinigten Europa mit Brüssel als Hauptstadt begraben.

Stroopdragers, Strickträger, ist seitdem der Nickname der Genter, auf den sie mächtig stolz sind. Bei den »Gentse Feste«, ein zehntägiges Straßenfest, laufen die Stroopers im Umzug mit. Wer Gent sagt, meint auch diesen großartigen Höhepunkt des jährlichen Veranstaltungskalenders. Die Genter Feste sind gleichzeitig ein spektakuläres Open-Air-Festival mit internationalem Staraufgebot. Mit Puppentheater, Ballett, Performance, Comedy, Popmusik und noch mehr Jazzkonzerten.

Die Sonne bricht durch, und auf der Spitze des Belfrieds, der ebenso wie andere flämische Stadttürme, etwa Aalst oder Dendermonde, Unesco-Weltkulturerbe ist, strahlt glänzend der drei Meter lange Drache. Die vergoldete Wetterfahne stammt von der Hagia Sophia in Konstantinopel. Balduin IX., Graf von Flandern, brachte sie als Beutestück von einem Kreuzzug mit und schenkte sie 1205 den Bürgern der Stadt.

Der Prestigetitel Weltkulturerbe, für den die allergrößten Anstrengungen unternommen werden, adelt einen Ort. Auch touristisch lohnt es, diesen Adelstitel zu pflegen, denn es sind vor allem Asiaten, die die Plätze des Weltkulturerbes besuchen.

Wenn es Mittag wird in Gent, ertönt das Glockenspiel im Turm. Die Menschen lieben es und bleiben wie die Touristen stehen, wenn die spröden flandrischen Weisen aus der Höhe herunterperlen. Sie lieben dieses Carillon besonders, weil es immer bei ihren Aufständen geläutet hat. Wer sich die Mühe macht, auf die Plattform zu steigen, wird von einem Panoramablick über das historische Zentrum belohnt.

Gent, wie gesagt, war ein Ort der Rebellen und der Ketzer. Und es war die Stadt der Grafen von Flandern mit den Gerichten, der Folter und Hinrichtungen. Viele Bauten atmen noch die Sprache dieser Zeit. Etwa Gravensteen, die Grafenburg. Im Zentrum steht diese Kreuzritterburg, die einzige erhaltene in Europa. Hinter ihren Mauern ist die Winterkälte der Inquisition noch spürbar, denn sie war als Zwingburg gegen bürgerlichen Ungehorsam gedacht. Der Grundriss stammt von den Kreuzritterburgen aus Syrien. Mittelpunkt der Stadtfestung aus düstergrauem Scheldestein mit zweiundzwanzig Türmen ist der dreißig Meter hohe Burgsaal. Die meisten Räume sind fensterlos, schmal die Treppen, meterdick die Mauern. Durch diese Wände drang kein Hilfeschrei, wenn jemand auf der Streckbank lag, bis die Knochen brachen. Die umfangreiche Sammlung mittelalterlicher Folterwerkzeuge wäre an keinem anderen Ort besser aufgehoben als in dem Foltermuseum von Gravensteen, wo später eine Baumwollspinnerei eingerichtet war. Faszinierend aber der Blick von den Zinnen auf das Stadtpanorama, den angrenzenden Gassen von Patershol, dem mittelalterlichen Viertel. Und dann lassen Sie sich noch von den Trams durch die Stadt rumpeln. Straßenbahnstädte strahlen etwas Besonderes aus. Sie machen eine Stadt übersichtlicher, menschlicher, und in Gent ist das auch nicht anders.

Adam und Eva? Nun sucht mal schön!

Touristen, die zur Sint-Bavo-Kathedrale in Gent wollen, wissen oft nicht, wie sie ihr Ziel korrekt beschreiben sollen. »Lasst uns direkt zum Genter Altar gehen, also zu Adam und Eva, ich mein das Kunstwerk, Lamm Gottes.« Drei verschiedene Namen für ein und dasselbe Kunstwerk. Ein Glück, dass es in der weitläufigen Kathedrale Hinweise zum Ausflugsziel gibt. Mit dem »Isenheimer Altar« von Matthias Grünewald in Colmar zählt der »Genter Altar« zu den eindrucksvollsten Altarretabeln der Kunstgeschichte. Und wer den »Da Vinci Code« von Dan Brown gelesen hat, dem kann ich versichern, dass auch das Polyptychon des Jan van Eyck ein bis heute nicht gelüftetes Geheimnis hat.

Alles springt einem klar, bestechend und realistisch ins Auge, ins Hirn oder in die Seele – wie man es empfinden will. Bei van Eyck geht es weniger um allegorische oder versteckte Inhalte und Symbole – die es durchaus gibt –, sondern um die atemraubende Virtuosität, die Einfachheit der von ihm geschilderten Natur und der Figuren, die durchgestaltet sind, von Licht und Schatten modelliert. Der Genter Altar ist eine Schaubühne der damaligen gläubigen Welt und Ergebnis einer neuen Maltechnik, die einen Wahrnehmungsschock verursachte. Generationen von Malern, Forschern sowie klugen Köpfen wie Dürer, Lessing oder Goethe haben sich den Kopf zerbrochen, wie dies alles zu entschlüsseln sei.

Van Eycks Werk ist eingepasst in ein Ordnungsraster, und daraus ergibt sich eine gläserne Klarheit, eine Symmetrie und Bildachsen im Goldenen Schnitt. Van Eyck war der erste Maler, der die verschiedenen Lebenssphären seiner Zeit durch ausgefeilte Kompositionen miteinander verband und einen universalen Bildanspruch erreichte. Er zeigt zum ersten Mal selbstbewusste Menschen zu Beginn des Humanismus. Van Eyck wird mit seinen Arbeiten rasch berühmt. Ungewöhnlich ist die Größe des Werks, seine Farbenpracht, die immer noch auffallende Frische der Farben und die »neue«, dreidimensionale Sichtweise der Welt. Italiens Maler werden neugierig, und so kommt der neue Realismus auch in den Süden.

Der weit gereiste Maler war an all den Neuigkeiten interessiert. Es war eine Zeit des Umbruchs, bestimmt von Epos und Tragödie; eine Epoche, die durch die Globalisierung wieder aktuelle Bedeutung bekommen hat. Die Nordeuropäer haben ihre Geschichte als eine Art rundreisender *commedia dell'arte* erlebt.

Das märchenhafte Schicksal des Genter Altars ist gleichermaßen eine Geschichte von Verlust und von Rettung. Vor den calvinistischen Bilderstürmern wurde es rechtzeitig im Turm der Kirche versteckt. Während der Französischen Revolution entführte man die vier inneren Haupttafeln nach Paris. Nach Napoleons Waterloo kehren sie 1815 zurück. Sechs Tafeln werden an den Kunsthändler L. J. Nieuwenhuys für dreitausend Gulden verkauft. Der veräußert sie an den in Aachen lebenden englischen Auktionator Solly, von dem sie 1821 der preußische König Friedrich Wilhelm III. für etwa eine halbe Million Taler erwirbt, sie kommen in das Kaiser-Friedrich-Museum in Berlin. Zwei Flügel der Michiel-van-Coxcie-Kopien, die für Philipp II. angefertigt wurden und die der König von Bayern erstanden hat, gelangen in die Alte Pinakothek nach München. Laut Versailler Vertrag musste Deutschland die korrekt erworbenen Berliner Altarflügel als Wiedergutmachung zurückgeben. Ihr Wert wird inzwischen auf fünfundsiebzig Millionen Goldfranken veranschlagt. Im Berliner Museum werden Fotos der Van-Eyck-Kostbarkeiten aufgehängt – mit Trauerflor. 1921 ist das Gesamtkunstwerk wieder komplett in Gent zu sehen. Bis zum Diebstahl im Jahr 1934, bei dem zwei Tafeln gestohlen werden.

Am 11. Mai 1940, einen Tag vor dem deutschen Einmarsch in Gent, wird das gesamte Polyptychon mit anderen Kunstwerken auf Lastwagen verfrachtet und auf Staatskosten eiligst nach Schloss Pau, am Fuß der Pyrenäen, in Sicherheit geschafft. Die vorläufig letzte Odyssee beginnt am 2. August 1942, als die Vichy-Regierung den Konservator von Pau beauftragt, dem Generaldirektor der Bayerischen Staatsgemäldesammlungen, Ernst Buchner, den Genter Altar zu übergeben. Das Abkommen war zwischen Henri Philippe Pétain und Hitler geschlossen worden. Hitler hatte für »Adam und Eva« einen prominenten Platz in seinem geplanten Führermuseum in Linz vorgesehen. Gegen Ende des Krieges wird das Prunkstück ins österreichische Salzbergwerk Altaussee ausgelagert. Der Zugang wird vermint. Bewohner und deutsche Soldaten können verhindern, dass die dort etwa fünftausendachthundert eingelagerten Kunstwerke vernichtet werden. Am 8. Mai 1945 entdeckt die dritte amerikanische Armee in den Salzminen die Kunstschätze. Als erstes der gestohlenen Kunstwerke aus Europa kehrt der Genter Altar mit dem Flugzeug nach Belgien zurück.

Wer aber war dieser Jan van Eyck, der als Kammerherr und Hofmaler von Johannes von Bayern (1354 – 1433) in s'Gravenhage (heute Den Haag) erstmals mit seinen Honoraren aus dem Jahr 1425 in den Rechnungsbüchern erwähnt wird. Geboren wurde er wahrscheinlich in Maaseik vor 1390, denn er schenkte der Stadt Maaseik ein Legat, und seine Tochter

Lievine tritt dort 1449 in ein Kloster ein. Daraus wird geschlossen, dass die Familie van Eyck aus der Maasgegend kommt. Jan hatte noch drei Geschwister: Hubert, Lambert und Margareta – sie alle sind Maler. Es war nicht ungewöhnlich, dass damals auch Frauen den Malerberuf ausübten.

Jan hat wahrscheinlich die ersten Jahre in Lüttich, Maastricht oder Köln gelebt und gelernt. Es spricht manches dafür, dass er auch in Süddeutschland und in Italien war. Sein offizielles und dokumentiertes Leben beginnt, nachdem er einen lukrativen Posten am Hof von Burgund erhalten hat. Herzog Philipp der Gute verehrte Jan van Eyck, der zahlreiche Reisen in seinem Auftrag unternommen hat. Beerdigt mit Wehmut, war er bis zu seinem Tod Hofmaler, Kammerherr und Diplomat des burgundischen Herzogs; ein Bonvivant, der die Frauen und die Künstler charmierte.

Wer jemals Gehaltsverhandlungen geführt hat, wird den Künstler-Diplomaten nicht nur dafür bewundern, dass er uns so schöne Bilder hinterlassen hat. Van Eyck hatte auch einen guten Vertrag ausgehandelt. Als der herzogliche Zahlmeister einmal eine hohe Rechnung von van Eyck nicht akzeptieren wollte, beklagte sich dieser beim Herzog, der seine Beamten anwies, alle Zahlungen an den Künstler seien unverzüglich auszuführen. Der Maler war so wohlhabend, dass er sich in Brügge ein komfortables Steinhaus bauen konnte, was ein Zeichen von Reichtum war.

Jan van Eyck begleitete seinen Dienstherrn oft zu seinen wechselnden Aufenthaltsorten, und seine Vita liest sich wie ein Karriereleitfaden. Dank Talent, Fleiß und Genie macht er seinen Weg in die inneren Zirkel der Macht. Van Eyck lebte in Brügge, Lille, Doornik und Gent und unternimmt gut bezahlte diplomatische Reisen in geheimer Mission nach Andalusien, Kastillien und 1428 mit einer Delegation nach Portugal, um die Verhandlungen über eine Heirat zwischen der Infantin Isabella und Philipp II. zu führen.

Als reisender Maler muss er Isabella porträtieren, denn Philipp hatte seine Braut bisher nicht gesehen. Er malt zwei Porträts, das eine wird auf dem Seeweg und das andere zu Lande zum künftigen Bräutigam geschickt. Man wollte sichergehen, dass zumindest eines ankam. Die Hochzeit wird ein Jahr später in Brügge gefeiert. Auf herzoglichen Befehl muss van Eyck 1436 eine geheime »weite Reise« außerhalb der »Marken« – an die Grenzen des christlichen Reichs also – antreten. Vermutet wird, er sei in Palästina gewesen, um über das Land zu berichten. Philipp der Gute hatte die fixe Idee, einen neuen Kreuzzug zu organisieren, der aber nie stattfand.

Um 1420 hat Hubert van Eyck, Jans etwa zwanzig Jahre älterer Bruder, den Auftrag für das Altarprojekt erhalten. Auftraggeber waren Jodocus Vijd (Bürgermeister von Gent) und seine Ehefrau Elisabeth Borluut, die aus einer Patrizierfamilie kam. Nach dem Tod seines Bruders übernimmt Jan den Auftrag.

Wahrscheinlich muss man sich das so vorstellen: Jan steht vor dem Monumentalgemälde von fünfundzwanzig Quadratmetern, zu dem Hubert Entwürfe angefertigt hat, und denkt nach. Wie will ich es malen, und was will ich damit ausdrücken.

Eines will er auf jeden Fall: Sein Bild soll überraschender und ganz anders als alles Bisherige sein. Er denkt an die anderen Maler, an andere Bilder und an seine Auftraggeber. Das Genter Ehepaar hatte beschlossen, die Kosten für eine Seitenkapelle in der Pfarrkirche Sint Jan Baptist (so hieß die Kathedrale damals) zu übernehmen, und dort sollte auch das fertige Werk stehen. Und dann weiß er genau, was er machen muss. Es sind die einfachen Dinge, die Handbewegungen, die Gewänder, die Porträts, die er mit einer bisher nicht gekannten Expression belebt. Sein Talent fällt zusammen mit dem Denken der neuen Zeit. Er tüftelt und probiert, um das nie da Gewesene zu erfinden. In einer Epoche, in der die Ewigkeit der Seele nicht zur Diskussion stand, gelang es ihm, einen versöhnlichen Gott in die paradiesische Umgebung mit ihren Ritualen zu stellen – und von Traurigkeit keine Spur.

Zu seiner Zeit werden Bilder im Freien getrocknet, aber seine Gemälde sollen schneller trocknen, denn er ist ein flinker Maler. Also musste er etwas finden, damit die Farben schneller trockneten und nicht vergilbten oder zu schnell rissen. Außerdem sollten seine Bilder modern, aufrüttelnd, überraschend sein. Und dann steht da diese Idee im Raum, sie ist kühn, sie ist neu, farbenfroh und währt ewig: Mische Tempera mit Öl und koloriere auf einem präparierten Untergrund aus baltischem Eichenholz. Er experimentierte mit Ölfarben, die im Unterschied zu Temperafarben langsamer trocknen und die daher eine größere Detailgenauigkeit in der Wiedergabe von Beobachtetem erlaubten. Die Kunst, mit Tempera und Öl zu arbeiten, das war sein Geheimnis. Mit seiner neuen Mischtechnik war er in der Lage, seinen Bildern Emotionen, Leben und Bewegung zu verleihen, mit einfachen Mitteln höchste Präzision zu erhalten und Perspektivität zu geben. Van Eyck war von sich mächtig überzeugt. Unter seine Bilder schrieb er allerdings in ironischer Bescheidenheit »ALC IXH XAN«, etwa: »so gut ich eben konnte«.

Das »Geheimnis van Eyck« als gemaltes Gesamtkunstwerk ist für Generationen von Fachleuten ein beherrschender Forschungsgegenstand. Auch Kunsthistoriker der Universität Leiden suchten nach dem Geheimnis, mit dem es van Eyck möglich war, mit einer fetten, schwer malbaren Emulsion so beschwingt zu malen. Sie glauben das Geheimnis entdeckt zu haben: Der Maler verwendete Farben mit Eigenschaften von Ölfarben, die rasch trockneten und nicht dunkler werden. Van Eyck mischte gekochtes Leinöl mit Blei, grundierte damit das Holz, und es bildete sich eine Art Film. Die aufgetragenen Farben werden daher nicht vom Untergrund »aufgesaugt« und behalten ihren Glanz.

Van Eyck hat erstmals das Individuum in die spätmittelalterliche Kunst gebracht: Er kreiert mit Adam und Eva Menschen als Menschen von Fleisch und Blut und nicht als luftige Himmelsgestalten. Seine Eva – nach dem damaligen Schönheitsideal mit gewölbtem Bauch und rundlicher Taille – zeigt sich als eine moderne, selbstsichere, willensstarke und sinnliche Frau. Als Hofmaler hatte van Eyck die zu porträtierenden Frauen nicht als Madonna, Engel oder Königin, sondern als Person dargestellt und damit den humanistischen Gedanken, dass der Mensch sein Schicksal selbst bestimmt, zum Ausdruck gebracht.

Van Eycks Kombination von ferner Landschaft und nahe gerücktem Porträt gilt als revolutionär. Seine Bildnisse komponierte er nicht wie die Italiener im Profil und auch nicht mehr frontal, sondern in Dreiviertelwendung, dem Betrachter zugewandt. Er malt das eigentlich Unsichtbare, gilt als Prophet und Lehrmeister der Moderne, inspiriert andere Künstler: Rogier van der Weyden, Petrus Christus, Dirk Bouts oder Hans Memling und später Hieronymus Bosch, Pieter Bruegel, Matthias Grünewald oder Hans Holbein. Am 6. Mai 1432 wird »Adam und Eva«, wie der Altar wegen der nackten Paradiesbewohner auch genannt wurde, eingeweiht. Ein Riesenfest für die ganze Stadt, spendiert von Philipp dem Guten und Isabelle, denn es ist der Tauftag ihres zweiten Sohnes.

Die flämischen Maler des 15. Jahrhunderts werden im 19. Jahrhundert unter dem Begriff »Primitive Malerei« zusammengefasst. Ein irreführender Begriff, denn primitiv waren die Werke von van Eyck, Memling oder Bouts absolut nicht. Es war ein Sammelbegriff für die flämische Malerei vor der Renaissance. Ihre sogenannte primitive Welt, *le monde primitif*, war paradiesisch, denn sie hatten sich zum Ziel gesetzt, das verlorene Paradies mit künstlerischen Mitteln zurückzuholen.

Das Wunder der farbenfrohen und realistischen flämischen Malerei verbreitet sich in Europa: An den Höfen und in den Städten von Spanien, Italien, Süddeutschland und im Rheinland – bis an die östlichen Grenzen des Heiligen Römischen Reichs. Florentinische Kaufleute und italienische Fürsten kaufen dutzendfach flämische Werke, und italienische Maler sind beeindruckt von ihrer Porträtkunst. Ein van Eyck, den der König von Neapel von Florentiner Kaufleuten geschenkt bekommen hatte, weckt das Interesse des Malers Antonello da Messina. Er reist nach Brügge, soll das »Geheimnis« von van Eyck auskundschaften, schließt Freundschaft mit dem ergrauten Meister, und der weiht ihn in seine Malmethode ein. Noch nie zuvor hatte van Eyck Fremde in seinem Atelier geduldet. Er hat allerdings weiterhin allein gearbeitet, so jedenfalls ist es überliefert. Niemand durfte ihm über die Schulter gucken, man kann sich gut vorstellen, wie der Maler sein Werk ständig überarbeitet, löscht und durch neue Einfälle ersetzt. Nach van Eycks Tod reist da Messina nach Venedig und berichtet den dortigen Malern von der neuen Technik des Genies der Leidenschaften. Van Eycks Einfluss ist in der italienischen Malerei sichtbar. Neue Forschungsergebnisse bestätigen, dass sich Rafael, Botticelli, Perugino sowie Leonardo da Vinci an dem Flamen orientiert und von ihm profitiert haben.

Wer den »Da Vinci Code« gelesen hat, aber das betreffende Bild noch nicht gesehen hat, dem empfehle ich eine Reise zur Prämonstratenserabtei Tongerlo. Dort, zwischen Antwerpen und Mechelen, ist Leonardo da Vincis Fresko »Das Letzte Abendmahl« im Da-Vinci-Museum zu sehen. Die Arbeit stammt vom Lieblingsschüler da Vincis, Andrea Solario, und wurde zwischen 1506 und 1507 angefertigt. Sie gehört zu den besten Kopien und befindet sich nach einer Restaurierung in einem besseren Zustand als das Original, das da Vinci zuvor an die Mauer des Speisesaals im Mailänder Dominikanerkloster Santa della Grazie gemalt hat.

Als die das Land im 18. Jahrhundert regierenden Verwandten der österreichischen Kaiserin Maria Theresia von den Franzosen vertrieben werden, nehmen sie beim Rückzug zahlreiche Kunstschätze mit nach Wien. Die Franzosen wiederum beschlagnahmen eintausendachthundert flämische Kunstwerke, darunter auch jene von Memling, van Eyck sowie die vier Haupttafeln von »Adam und Eva«. Im Pariser

Musée Napoléon, dem heutigen Louvre, werden sie ausgestellt, und die europäische Öffentlichkeit nimmt erstmals Kenntnis von der flämischen Kunst

Vor allem unter deutschen Besuchern ist die Bewunderung ungewöhnlich. Auch der Adrenalinspiegel von Kunstsammlern, Kunstphilosophen und Dichtern steigt, und sie reisen in großer Zahl zu den flämischen Kunststädten. Auch Schopenhauers Mutter fährt, im Auftrag ihres Philosophensohnes, nach Gent und Brügge. Mit dem ungewöhnlichen Interesse beginnt ein Run auf flämische Meister: Flämische Kunst ist in Mode.

Der Grundstock für die berühmte Kollektion der Alten Pinakothek in München wird gelegt: flämische und niederländische Meister. Memling, van der Weyden und van Eyck sind die Favoriten deutscher Romantiker. Als der alte Goethe von ihnen hört, äußert er den Wunsch: »Meister Hemmelinck [Memling] möchte ich wohl kennenlernen.« In Heidelberg wird er 1814 mit Arbeiten von van Eyck und Memling konfrontiert, und er ist begeistert. Goethe, der den Schöpfer des Genter Altars bewunderte, mischte sich auch in den Streit um das »Geheimnis von van Eyck« ein, den er als einen »unfruchtbaren Streit« umschreibt. Der Philosoph Friedrich von Schlegel sagte schlicht: »Das ist so still und grün, naturgefühlt, so deutsch und rührend, wie es nur selten gefunden wird.« Der preußische König Friedrich Wilhelm III. erwirbt für sein gleichnamiges Berliner Museum flämische Malerei und Tafeln vom Genter Altar. In Berlin waren die Tafeln horizontal durchgesägt worden, damit einerseits die Vorderseite mit der Gruppe der reitenden »Gerechten Richter« als auch andererseits die Rückseite mit der Grisaille-Darstellung von Johannes dem Täufer zu sehen ist. Das Retabel ist wieder komplett. Bis zum Diebstahl von 1934. Es werden ausgerechnet jene zwei »Berliner Tafeln« gestohlen. Und bis zur Stund' ist der Fall ein romantisch ungelöster Thriller.

Von Kirchturm zu Kirchturm

Kleine, alte Stadt. Damme ist kein Ort, sondern ein Gemütszustand. Hier läuft alles noch ein wenig langsamer als anderswo. Die Welt liegt weit weg. Aber ist es wirklich eine andere Welt? Ich glaube schon. Keine Hektik schwebt über dem Ort, die Menschen bewegen sich träger und reden langsamer als in meiner eigenen Stadt. Zwei Frauen stehen vor dem Schaufenster und reden aufeinander ein. Eine Stunde später werden sie immer noch an derselben Stelle stehen und aufeinander einreden. Die Straßen und Gassen führen an Restaurants mit Terrassen und der alten Schule vorbei, in der sich die antiquarischen Bücher in vielen Sprachen stapeln und auf Käufer warten. Und dann steht er da, der dreiundvierzig Meter hohe Backsteinturm der Liebfrauenkirche. Diesen stolzen Zeugen der Scheldegotik sollte man erklimmen. Nicht nur, weil es ein kitschig romantisches Vergnügen ist, während die Tauben den Fremden neugierig angurren und beäugen, sondern weil das Panorama über das Polderland herzergreifend schön ist. Man muss hier nicht wie in der Schweiz auf Berge steigen, sondern erklimmt Türme, um weit und breit nichts als »le plat pays«, von dem Jacques Brel gesungen hat, zu sehen. Mit den Blicken folgen wir den alten Schmuggelpfaden (eine herrliche Radtour), erahnen die Bauernhöfe, die herrliche Betten zum Übernachten und deftige Landküche anbieten. Am Ortsrand, unter einer Grasdecke, erkennen wir den Verlauf der ehemaligen Stadtmauer und kommen über Ruhm und Vergänglichkeit ins Grübeln, denn Damme war im hohen Mittelalter Flanderns größter Weinhafen und Schauplatz eines burgundisch-höfischen Großereignisses: Hier empfing Karl der Kühne von Burgund seine spätere Frau Margaretha von York. Geheiratet wurde übrigens im prunkvollen Brügge, dessen Türme man von hier aus sehen kann.

Und dann die Wolken, die Stimmungen erzeugen, wie Musik. Jede Windrichtung kreiert ihre eigene Wolkenfarbe: Nordwind macht sie hell und kalt, Südwind golden und warm, und die Seebrisen sorgen für ihr dramatisches Spiel. Majestätische Cumuluswolken, für Buddhisten sind sie die spirituellen Verwandten der Elefanten, typisch für Flanderns Polderhimmel, und auch auf von Kinderhand gemalten Bildern fehlen diese Wolken wegen ihrer einfachen Struktur nicht. Diese Wolkenschönheiten haben im Polderland viel Platz, geben dem Himmel Tiefe und lassen das Land lebendig werden. Und doch scheinen diese flüchtigen weißen Gebilde so alltäglich, dass man sie nicht mehr als Bestandteil der Landschaft sieht.

Zur Mittagszeit ist es mit der Ruhe vorbei. Die Menschen, die die schlichte Schönheit des Ortes und seiner Umgebung herführt, kommen auch wegen der Restaurants rund um das Rathaus im Stil der Brabanter Gotik. Der hungrige Besucher hat die Wahl aus dreizehn Gasthäusern. Selbst für Gourmets wird Sorge getragen, für sie gibt es drei besonders feine Adressen. Die Einheimischen in Damme sind es gewöhnt, dass Damme seit jeher Touristen anzieht.

Die spanische Literatur kennt Don Quichotte und Sancho Pansa. In Flandern sind es Tyl Ulenspiegel und Lamme Goedzak. Der eine geht als Idealist durchs Leben, kämpft mit List,

Witz und einer gewissen Naivität gegen das Unrecht. Der andere ist bauernschlau, steht im Saft seines Lebens und sorgt dafür, dass sein Chef nicht verhungert. Aufgezeichnet hat das flämische Nationalepos der in München 1827 geborene Charles de Coster in Französisch: »La legende d'Ulenspiegel et de Lamme Goedzak au Pays de Flandres et ailleurs«. De Coster lässt seinen Schalknarren in der Zeit der Religionskriege am Freiheitskampf gegen die Spanier teilnehmen, der daher in Flandern den Ruf eines Helden genießt. De Coster siedelte ihn in Damme an, die den Namen Eulenspiegelstadt trägt. Ob Eulenspiegel, von dem zahlreiche Holzschnitte auf den Jahrmärkten verkauft wurden, wirklich gelebt hat oder ob er als Sage mit Hanse-Kaufleuten nach Flandern gekommen ist, ist nicht verbürgt. Tatsache ist, dass er durch seine vielen Reisen an mehreren Orten, auch im schleswig-holsteinischen Mölln, zum Helden wurde. Aber eine Eulenspiegel-Plastik, die gibt es an der Dammer Friedhofsmauer.

Eingepoldertes fruchtbares Land hinter den Dünen. So platt und flach, dass der Bauer schon morgens sehen kann, ob wir mittags bei ihm ein *witteke*, einen Genever, trinken kommen. Wir fahren auf einen Kirchturm zu und danken Gott für die flachen Wege. Meilenweit sichtbar, wie stumpfe Bleistifte, ragen Kirchtürme aus dem Grün. Umgeben von weiß getünchten Häusern der fünfzig Meter hohe Turm der Liebfrauenkirche aus dem 13. Jahrhundert, im Stil der Scheldegotik erbaut. Das ehemalige Tuchmacherstädtchen Lissewege muss einmal sehr reich gewesen sein und ist das, was man malerisch nennen kann mit seinen weiß getünchten Häusern, roten Dächern und schmalen Straßen. Der Friedhof, der Glockenschlag. Da fehlt nur noch die Haushälterin des Pastors, die die Teppiche ausschlägt, oder der Pastor, der in flatternder Soutane auf seinem Fahrrad um die Ecke kommt – und die Idylle wäre perfekt. Aber weder die eine noch der andere lassen sich sehen. Die Ter Doeststraat führt zur Zehntscheune für Getreide (1275) der ehemaligen Zisterzienserabtei Ter Doest.

Das älteste Bauwerk der Backsteingotik im Polderland hat gewaltige Ausmaße: sechzig Meter lang, fünfundzwanzig Meter breit und eine Höhe von zwanzig Metern. Vor allem die gewaltige Konstruktion aus Eichenstämmen im Scheuneninneren macht einen ganz klein.

Vorbei an Bauernhöfen kronkeln wir, fahren also, auf schmalen Wegen vorbei an tiefbraunen Äckern, schwarzen Baumstümpfen und hingesunkenen Scheunen, vorbei an Höfen mit richtigen Bauerngärten. Hinter Zäunen blühen blauer Rittersporn und Levkojen. Eine Welt, so scheint es, wo Eile einfach lächerlich wirkt.

Etwa, wenn wir in Veurne auf seinem fotogenen Grote Markt im Terrassencafé sitzen – und wo bereits hundert Jahre vor uns Rainer Maria Rilke gewesen war. Am Marktplatz erhebt sich die gotische Walburgiskirche, in der ein ungewöhnlicher Schatz bewahrt wird: Ein Splitter des Kreuzes, an das Christus genagelt worden sein soll. Graf Robert II. von Flandern hat das Souvenir um 1100 von seinem Kreuzzug aus Jerusalem mitgebracht. Rilke war 1907 bei seinem Besuch wohl so überwältigt von Geschichte und Schicksal der alten Tuchmacherstadt, dass er zu dem Gedicht »Der Platz« inspiriert wurde:

»Willkürlich von Gewesnem ausgeweitet:
von Wut und Aufruhr, von dem Kunterbunt
das die Verurteilten zu Tod begleitet,
von Buden, von der Jahrmarktsrufer Mund,
und von dem Herzog der vorüberreitet,
und von dem Hochmut von Burgund,
(auf allen Seiten Hintergrund):
ladet der Platz zum Einzug seiner Weite
die fernen Fenster unaufhörlich ein,
während sich das Gefolge und Geleite
der Leere langsam an den Handelsreihn
verteilt und ordnet. In die Giebel steigend,

wollen die Häuser alles sehn,
die Türme voreinander scheu verschweigend,
die immer maßlos hinter ihnen stehn.«

Dann wieder Ortschaften, deren Namen vergessen sind, bevor
man das Dorf verlassen hat. Aber überall fällt auf: Flandern ist
Backsteinland. Stein auf Stein zu mauern hat Tradition, ist
Bauen nach menschlichem Maß. Das Land ist möbliert mit
»Brugs Abdijhoeve« und »Kempisch Klompje«. Dabei handelt
es sich um einen gelblichen Ziegelstein mit Grautönen und
um einen rotorangenen Stein mit grauen Einschlägen. Beide
Sorten sind gotischen Ziegeln nachempfunden. Das ist aber
auch schon das einzige verbindende Element. Einen einheit-
lichen Baustil gibt es nicht, was vom individualistischen
Lebensstil der Flamen zeugt, aber die Landschaft zersiedelt.
Jeder baut, wie er will: Neubauten vom pseudobäuerlichen
Typ »Fermette« mit kleinen Fenstern; zweigeschossige Herrenhäuser à la Landpastorenhaus oder schlossähnliche Land-
häuser im »spanischen Stil« mit überhängenden Dächern.
Dann wieder weiße Villen und klotzige Backsteinbunker, auf
deren Giebeln der Name des Anwesens in gusseisernen Lettern steht. Die meisten Häuser verbergen sich hinter Ligusterhecken, hohen Zäunen oder Mauern – Burgen nicht unähn-
lich: Flamen haben Hemmungen, ihren Reichtum offen zu
zeigen. Ihre hölzernen Rollläden zur Straße hin sind meist
heruntergelassen.

Die Grundrisse vieler Häuser ähneln sich: Das Zimmer zur
Straße ist das Living, wie die gute Wohnstube genannt wird.
Oft ist ein *serreke*, ein Erker oder Wintergarten mit Glasdach
und hohen Fenstern angebaut. Im hinteren Teil liegen Küche
und Bad, und der Flur führt auf den *grote plaats*, den Garten. In
der ersten Etage befinden sich die Schlafzimmer für Eltern
und Kinder. In der Küche hüpft auffallend oft ein Kanarien-
vogel in seinem Käfig herum, der ebenfalls auffallend oft Piet
heißt. Das Schönste an diesen Vögelchen sind ihre Farbigkeit,

dass sie fast alle den gleichen Namen haben und dass sie nur eine einzige Person lieben. Auffallend aber übrigens auch die vielen baumlosen Dorfstraßen.

Die Bewohner polieren ihr häusliches Königreich mit unerbittlicher Zärtlichkeit. Sie setzen Springbrunnen hin, positionieren Gartenzwerge, bringen Briefkästen in allen Formen und Farben an und verschönern ständig ihre kurz geschorenen Vorgärten mit Zierrat: nackte Engelchen, stolze Hirsche oder steinerne Cherubinen, alles Wächter ihres privaten Arkadien. Der Goldfischteich wird oft mit Schutzgittern überspannt, damit die Kinder nicht ins Wasser fallen. In die Fenster stellen sie Kunstblumen. Fast alle Häuser haben offene Kamine mit meist künstlichen Flammenladern, und ihre Schornsteine zieren Sehnsuchtsmotive – etwa Segelschiffe oder Windrosen. Flamen verfügen über ein Gemüt von Hobbygärtnern und nicht von Seeräubern. Bei den Bauherren, die an den Ortsrändern all diese abgezirkelten Ziegelhäuser errichten, handelt es sich meist um Zugereiste, die keine Beziehung zu den Einheimischen haben. Sie gehen weder in die Cafés, noch sind sie Mitglied in einem Verein, sie besuchen keinen Jahrmarkt und nehmen auch nicht teil an ihren Grillpartys, den ungeheuer beliebten Barbecues. Sie haben ihren Hund, dem sie aber nicht voll vertrauen, und deshalb sind ihre Häuser mit Alarmanlagen versehen.

Dass die Region den höchsten Urbanisierungsgrad auf dem Land innerhalb der EU aufweist, geht auf die großzügigen Subventionen, die sogenannte Taeye-Prämie aus den Sechzigerjahren, und den Einfluss der katholischen Bäuerinnenverbände zurück. Ihr Ziel: Jeder Familie ein komfortables und hygienisches Haus im eigenen Ort ermöglichen. Mit dieser Maßnahme sollte auch die Landflucht unterbunden werden. In den Städten entstanden die ersten modernen Wohntürme. Obwohl Architekten dort ihre sozialen Visionen verwirklichen konnten, war das Resultat ernüchternd. Die großen Stadterweiterungen verslumten, die Menschen lebten isoliert, und statt auf Parkanlagen und Landschaften guckten sie auf Verkehrswege und Wohnsilos.

Um bauen zu können, benötigt man Bauland. Bauernhöfe werden abgebrochen, aus Äckern werden Siedlungen. Das Land versteinert. Die »grote Verkaveling« nennt man den Wildwuchs an den Ortsrändern. Inzwischen hat ein Umdenken eingesetzt, denn es zeichnet sich ein Mangel an Baugrund ab. Allein in den zwanzig Jahren bis 2005 ist die Zahl der Neubauten um fast die Hälfte gestiegen. Da auch in Flandern die Familien kleiner wurden und es mehr Alleinstehende gibt, entstehen auch mehr Apartmentgebäude an den Ortsrändern, die die Ästhetik der gewachsenen Dörfer und Städte, für die das Land bekannt war, verschandeln.

Und doch, was für eine beneidenswerte Region. Die Menschen sind pfiffig, sie sind wohlhabend und optimistisch, und eine von Gott gesegnete Landschaft liefert alles, was Herz und Bauch begehren. Auf der Landkarte ist die Westhoek, Flanderns westliche Ecke, rasch abgesteckt. Sie erstreckt sich entlang der französischen Grenze, und hinter dem Horizont ist nur noch das Meer. In dem Naturgebiet De Moeren wartet eine Überraschung auf uns: Das achthundert Jahre alte Schloss Beauvoorde mit Park und einem poetisch hübschen Dorf (www.kasteelbeauvoorde.be). Früher erstreckte sich hier das Wattenmeer, dann kamen Mönche, zogen Gräben und entwässerten das Land. Das ist mehr als siebenhundert Jahre her. Das Leben fließt so still wie ein Tag auf den Kanälen, auf denen Freizeitkapitäne in Kajütbooten unterwegs sind. Passen wir an einer Abzweigung nicht auf, befinden wir uns unversehens in Frankreich. Wir wissen aber inzwischen, in Flandern enden alle Wege entweder an einer Rotonde, einer Abtei, einer Kirche oder im Gasthaus: eine typische flämische Mesalliance.

An einem Holztisch sitzen Bauern in blauen Kitteln und streicheln ihr Bierglas. Schweigsame Menschen, nicht misstrauisch, aber vorsichtig Fremden gegenüber. Sie betrachten uns unverhohlen neugierig. In der Ecke, neben der Toilette, Coer genannt, steht ein Mädchen am Spielautomat. Dann kommt Hendrik herein. »Hi, Hendrik, wie geht's?« »Klote, Mann«, antwortet er dem Wirt, der ihm unaufgefordert sein Pintje zapft. »Wir bekommen Regen«, ruft jemand am Tisch. Keiner bestätigt die Wettervorhersage. Hendrik trinkt sein Pintje leer und bestellt noch eins. Dann ordert einer der Blaukittel am Tisch eine Runde für alle, und der Wirt beginnt eifrig zu zapfen.

Am Fenster sitzt ein junges Pärchen, schweigend und in sich versunken. Sie lehnen das angebotene Bier verlegen lächelnd ab und bestellen sich noch einen Tee. Wir werden nach dem Woher und Wohin gefragt, bis das Gespräch bald zu den eigenen Sorgen zurückkehrt: zur Landflucht der Jugend, die die ältere Generation auf den Höfen zurücklässt; zu den Fremden, ja auch den Deutschen, in ihren großen Autos, die Bauernhöfe aufkaufen, um Ferienwohnungen daraus zu machen. Es sind die Sorgen der Leute, die hier im französisch-flämischen Grenzgebiet um ihre Existenz ringen. Das Mädchen am Spielautomaten hat immer noch nichts gewonnen und verabschiedet sich: »Ich muss zur Mutter.« »Wie geht es ihr?«, fragt Hendrik. »Nicht so gut.« Wir zahlen, bedanken uns und werden freundlichst verabschiedet. Es regnet, wie angekündigt.

Es gibt kein anderes Geschöpf, das besser in dieses flämische Morgengrau passt als der Esel, dem ein Pferd Gesellschaft leistet. Warum haben Esel so etwas Rührendes an sich? Einerseits gelten sie als bockig und zäh, andererseits als sprichwörtlich dumm. Aber damit tut man ihnen wohl unrecht. Dieser Esel, die Ohren gespitzt, steht grau und fatalistisch einfach da und wartet auf bessere Zeiten. Es lebe der Esel an jenen Tagen, an denen das Land nicht vom Himmel zu unterscheiden ist. Unten liegt der Ackerboden grau in grau, und oben spannt sich der Himmel in derselben Farbe über vernarbtes Schlachtfeld.

Ein unauffälliges Schild am Straßenrand zeigt uns, dass wir Vladslo erreicht haben. Der Waldfriedhof mit seiner imposanten Armee von Grabplatten, unter denen die sterblichen Überreste von fünfundzwanzigtausend jungen deutschen Männern liegen. Den wenigsten blieb im Tod der Name. Nur einer ragt heraus. In der Skulptur »Die trauernden Eltern« von Käthe Kollwitz. Peter, der siebzehnjährige Sohn der Berliner Künstlerin, war 1914, gleich zu Beginn des Ersten Weltkrieges, am Bogen der Ijser, jenem Fluss, der die Front zwischen deutschen und alliierten Truppen bildete, umgekommen – einer von schätzungsweise einer halben Million Soldaten, die allein in Westflandern der »Heldentod« ereilte.

Das Denkmal, an dem die expressionistische Bildhauerin jahrelang gearbeitet hatte, zeigt eine im Schmerz gebeugte Mutter, der Vater auf den Knien und die Arme an den Körper gepresst. In der alten Brauerei in Koekelare steht der Käthe-Kollwitz-Turm: Eine ständige Ausstellung mit grafischen Werken der Künstlerin. Als sie mit ihrem Mann Karl den Friedhof besucht, schreibt sie: »Ich stand vor einer Frau, sah in ihr Gesicht – mein Gesicht –, weinte und streichelte ihr die Backen. Der Karl stand direkt hinter mir – ich wusste es noch gar nicht. Ich hörte ihn flüstern: Ja, ja. Wie waren wir da zusammen.«

Bekannt ist auch der Soldatenfriedhof von Langemark. Außer einem Massengrab mit 24917 deutschen Männern kann man auch den »Studentenfriedhof« besuchen, mehr als dreitausend Studenten liegen hier, junge Männer mit ihren Hoffnungen und Träumen, die von einem Bajonett, einem Schuss ausgelöscht wurden oder im Dreck elend an ihren Verwundungen krepierten. Es gibt mehr als hundertfünfzig Soldatenfriedhöfe in dieser Landschaft. Die der Sieger haben weiße Kreuze, die der Verlierer keine oder graue Kreuze.

Sprichwörtlich ist das Trauma und Schicksal flämischer Soldaten, die die französischen Kommandos ihrer Offiziere falsch verstanden und aus den Schützengräben in den sicheren Tod stürmten. Die achthundert Millionen abgefeuerten Granaten, die die Soldaten beim Anflug hörten, versinnbildlichen die Routine des Tötens und Sterbens. Die Generalstäbler nannten die Kämpfe zynisch Materialschlachten. Die großen Gewinner waren deutsche, österreichische und französische Stahlkonzerne. Das historische Diksmuide und Ieper, zahlreiche Kleinstädte und Dörfer, bis auf die Grundmauern zerstört, gelten als Chiffre für Hölle und Heldentum. Die Bewohner wollten nach der Zerstörung keine andere Heimat, die Briten wollten das verhindern, weil die Orte sie an all ihre Toten erinnerten. Aber die Bewohner setzten sich durch und kehrten zurück. Stein für Stein bauten sie Ieper und andere Städte wieder auf. Jährlich besuchen Hunderttausende die Soldatengräber und Kriegsmuseen (»Flanders Fields Museum« in Ieper, den »Dodengang«, ein Laufgrabensystem, in Diksmuide) und werden von dem, was mehr zu ahnen als zu sehen ist, am meisten ergriffen. Es sind dort nicht nur Alliierte, sondern auch Deutsche, um etwas von den Schlachtfeldern zu erfahren, auf denen ihre Urgroßväter gestorben sind.

Allabendlich erklingt seit 1928 unterm mächtigen Menenpoort in Ieper das Trompetensolo »The Last Post«, geblasen von den Männern der Freiwilligen Feuerwehr. Dann ist es still in der Stadt, auch der Verkehr ruht. In dem von Granaten umgepflügten Boden finden Bauern immer wieder Knochen, Essgeschirr oder Stahlhelme. Manche Bombe ist noch scharf und muss entschärft werden. Der Handel mit Memorabilien floriert.

Auch anderswo im Land wurde viel zerstört. So wurde beim deutschen Einmarsch das historische Dendermonde niedergebrannt, und Soldaten steckten in einem sinnlosen Akt von Willkür die berühmte Löwener Universitätsbibliothek in Brand, wobei dreihunderttausend Bücher – unersetzbare Dokumente, frühmittelalterliche Handschriften, Inkunabeln und die päpstliche Schenkungsurkunde – verloren gingen. Nach dem Krieg musste Deutschland als Wiedergutmachung

(Versailler Vertrag, Artikel 247) Bücher und Handschriften aus deutschen Bibliotheken in gleicher Anzahl und von gleicher Kostbarkeit an Löwen abgeben. Mithilfe amerikanischer Universitäten und Institutionen wurde die Bibliothek wieder aufgebaut, um im Zweiten Weltkrieg erneut, diesmal von britischen Bombern, zerstört zu werden. Obwohl das Land zweimal die deutsche Besatzungsmacht erdulden musste, haben wir nie eine Spur von Ressentiments erlebt, wie das etwa in Holland der Fall ist. Fährt man auf den von Platanen gesäumten Landstraßen, an denen Gasthöfe zu Rast und Ruhe einladen, wird man vor Ortschaften mit Hindernissen konfrontiert: einem Kreisverkehr oder mehreren. Diese Rotonden, »Stadttore« der modernen Zeit, gilt es zu umschiffen.

Ach ja, die Radler. Sie sind immer da, die Pulks von Radrennfahrern beim Konditionstraining, die uns überholen oder uns entgegenkommen. Vorsichtshalber erkläre ich gleich, dass ich vom Radrennsport, der hier so fanatisch betrieben wird, wenig begreife. Aber was sich hier auf den Straßen abspielt, der Ernst und die Leidenschaft, mit der Flamen sich für den Radsport begeistern, das beeindruckt mich schon. Radrennsport wird wohl wegen der Tour de France mit Sommer assoziiert. Aber in Flandern, wo manches anders ist als woanders, beginnt dieser Sport frisch und hoffnungsvoll im Frühjahr, wie die Natur, und der Radsportler will es ihr nachtun.

Das Startzeichen wird am vierzehnten Sonntag des Jahres zur »Runde von Flandern« gegeben. Es ist das schönste und schwerste Eintagesrennen, das der Radsport kennt. Diese Tour beginnt auf dem Grote Markt in Brügge. Kein besserer Platz ist denkbar, wenn die Sonne scheint und am Morgen die Terrassenstühle aufgestellt werden. Der Klassiker als kunterbuntes Volksfest, an dem die aus »flämischem Stein gehauenen« Profis mit ihren »Frühlingsbeinen« teilnehmen. Es kann aber auch regnen und stürmen. Wenn sich die Schleusen des Himmels über den flämischen Ardennen öffnen und die Wege sich in Rutschbahnen verwandeln, dann wird Vlaanderns Mooiste, Flanderns Schönste, etwas für die Romantiker: Dann spritzt der fette Lehm den Pelotonsportlern ins Gesicht, rutschen die Begleitautos in die Gräben, und alle wollen dabei sein, weil nichts, keine Stürze, keine gebrochenen Sättel oder andere Radlerschicksale versäumt werden sollen. Erst im Dreck wird das Rennen zum Ereignis. Eine Woche später folgt bereits die Königstour Paris-Roubaix, von der Kenner behaupten, gegen diesen Kopfsteinpflaster-Klassiker sei die Tour de France ein Kinderspiel.

In diesem Land ist Radfahren immer noch der Volkssport Nummer eins, weit vor Fußball. Flandern ist Radlerland. In den Medien wird mehr über den Radsport berichtet als über jede andere Sportart. Jede Tour ist ein Höhepunkt. Dörfer und Straßen sind mit Blumen und Fahnen geschmückt, und die Flamen sind in ihrem Element, denn sie nutzen jede, wirklich jede Möglichkeit, um sich bei ein paar Pintjes singend und ausgelassen diese Welt zu verschönern.

Flandern ist denn auch die Heimat des größten Radsportlers aller Zeiten: Eddy Merckx. Fünfhundertfünfundzwanzig Profisiege fuhr er ein, bei der Tour de France trug der fünfmalige Gesamtsieger sechsundneunzig Tage das gelbe Trikot. Man nannte ihn den »Kannibalen«, weil er den radelnden Kollegen nicht einmal beim Dorfrennen eine Siegprämie gönnte. Merckx, Rik van Looy, Walter Godefroot, Herman van Springel, Freddy Maertens und Lucien van Impe als letzter Toursieger mehrten den Ruf des Landes als erfolgreiche Radlernation. Seit Jahren fehlt ihnen jedoch ein Champion und ein Idol wie Merckx. Aber sie sind immer vorne mit von der Partie. Bei allen wichtigen Rennen stellen sie den Großteil an Mechanikern, Masseuren, Sportchefs, Busfahrern und Zuschauern.

»Unsere Profis sind nicht ausdauernd genug. Und zu langsam«, erzählt mir Walter Godefroot. Der zu Merckx' Zeiten zehnmalige Tour-Etappensieger und ehemalige Manager des

T-Mobile-Rennstalls sagte, dass man im flämischen Radsport trotz des Formtiefs nicht von einer Krise reden könne, denn mit dem Radsport sei es »wie mit dem Meer, die Wellen gehen rauf und wieder runter«. So einfach ist das. Ebenso, wie die »Runde von Flandern« zu fahren.

Daher akzeptieren wir das Angebot des Verkehrsbüros der Weberstadt Oudenaarde, das die Tour für Touristen in drei Teilstrecken ausgearbeitet und gut beschildert hat. Oudenaarde ist nicht nur berühmt, weil im gotischen Rathaus wunderbare Gobelins aus dem 16. Jahrhundert hängen, die hier gewebt wurden, sondern weil die Stadt ein Museum besitzt, in dem der flämische Radsport mit viel Liebe dokumentiert wird.

Unsere Teilstrecke führt durch die Flämischen Ardennen über gnadenloses Kopfsteinpflaster und sieben steile Anstiege, darunter den Kwaremont, den Taalenberg und den Koppenberg mit einer Steigung von bis zu zweiundzwanzig Prozent, und wir danken Gott für die herrlichen Abfahrten. Eddy Merckx schlug folgende Variante vor: »Alternativ kann man die Radrennfahrer auch mit dem Rad auf ihren Schultern eine steile Treppe hochsteigen lassen.« Aber das ist etwas anderes als einen steilen Berg hochzuschnaufen. Dieser Anstieg entfaltet beim In-die-Pedale-Treten einen mächtigen Sog und zieht uns ins Pragmatische: dann eben schieben. Wenigstens regnet es nicht, und die Sonne strahlt.

Erst da fällt mir auf, was ich alles noch nicht gesehen habe. Versäumt, weil ich zu lange vor der tollen Gretel gestanden und am Meer gesessen habe oder zu viel Zeit in Boutiquen und auf Märkten vertrödelt habe oder einfach zu viel Zeit in Restaurants verbracht habe. Und überall wurden wir herzlich verabschiedet: Wie wunderbar es gewesen sei, uns bewirtet zu haben.

Bereits erschienen:
Gebrauchsanweisung für...

01/0002/07/L

01/0002/07/R

PIPER

Siggi Weidemann
Gebrauchsanweisung
für Amsterdam

192 Seiten. Gebunden

Alle wollen nach Amsterdam: wegen der baumgesäumten
Grachten und des vom Seewind geprägten Klimas, der vielen Fahrräder und natürlich Vincent van Goghs Sonnenblu-
men. Aber auch wegen der Cannabiswolken und der roten
Schaufenster – und weil, wo einst der bürgerliche Ungehorsam
herrschte, heute das »interkulturelle« Experiment gepre-
digt wird. Siggi Weidemann kennt die ganze Vielfalt der zeit-
los genialen Hauptstadt, der Heimat Nootebooms, Anne
Franks und Rembrandts: Er nimmt uns mit zum Dreigrach-
tenhaus, zu den schönsten Hinterhof-Oasen und zeigt uns
den Charme skurriler Probierstuben und bunter Märkte – und
wo der Amsterdamer hingeht, wenn es lekker und smakelig
sein soll.

01/1660/01/R

PIPER

Johannes Willms

Gebrauchsanweisung für Frankreich

192 Seiten. Gebunden

Haben wir nicht alle eine klar umrissene Vorstellung davon,
was eine Französin auszeichnet? Charme, Eleganz und
Raffinesse in der Kunst der Verführung … Johannes Willms,
seit Jahren französischer Lebensart verfallen, blickt hinter
die Kulissen. Mit der Hundeliebe und dem Nationalstolz seiner Nachbarn ist er ebenso vertraut wie mit den Tücken
des Linksabbiegens und der Pünktlichkeit schlitzohriger
Handwerker in der Provinz. Er kennt das Erfolgsrezept für
die einzig wahren Pommes frites und weist uns den Weg durch
den schier unergründlichen Verwaltungsapparat der Franzosen. Die verwunschenen Weinberge des Languedoc, der
waldreiche Luberon und die mondäne Côte kommen
ebenso zu ihrem Recht wie das intellektuelle Paris und die eth-
nische Vielfalt der Großstädte, die in der Fußballnational-
mannschaft ihren vollkommenen Ausdruck findet.

01/1487/01/R

PIPER

Jens Rosteck

Gebrauchsanweisung für Nizza und die Côte d'Azur

224 Seiten. Gebunden

Die Engelsbucht, die berühmtesten Corniches der Welt und ihr romantisches Hinterland, Fluchtpunkt der Literaten und Maler, der Boheme und der High Society: Die Côte d'Azur ist einzigartig und ihr Ruf legendär. Nicht allein das sagenhafte Meerblau macht die Côte zur optischen Verheißung, sondern auch die sanften Pastelltöne der Art-Déco-Bauten, das kräftige Grün der geriffelten hochstellbaren Fensterläden und das Bonbonrosa der Kuppel über dem Negresco. Der Autor Jens Rosteck, dem Nizza zur zweiten Heimat wurde, porträtiert die Metropole, fünftgrößte Stadt Frankreichs, nimmt uns mit auf Blumenmärkte und Friedhöfe, erzählt von *amuses-bouche*, von Luftschlössern und kuriosen Kopfgeburten – und davon, wie aus dem Sumpfgebiet Juan-les-Pins die Glamour-Enklave Antibes wurde. Er besucht die Filmstadt Cannes, die sich jeden Mai in einen einzigen roten Teppich verwandelt. Und er flaniert durch das Fürstentum Monaco, ein Staat, so klein, dass Sie ihn in einer halben Stunde zu Fuß durchqueren könnten … *Rien ne va plus* – oder doch?

01/1661/01/R

PIPER

Rainer Stephan

Gebrauchsanweisung für das Elsaß

192 Seiten. Gebunden

Kaum eine Region kann eine solche Dichte an Sterneköchen aufweisen wie das Elsaß. Und so ist es kein Zufall, daß das Fremdenverkehrsbüro hier eine Sauerkrautstraße ausweist und eine Straße des gebackenen Karpfens: Die Kochkunst und die Kultur bestimmen die elsässische Lebensart zwischen Vogesen und Rhein. Rainer Stephan führt Sie abseits der *routes touristiques* dorthin, wo es noch Entdeckungen zu machen gibt. Er berichtet von einem famosen Kunstraub und von den Portugiesen in Colmar, und er erzählt Ihnen vom wahren Elsässer, dessen Naturell irgendwo zwischen Pragmatismus und Schizophrenie liegt. Am Ende werden Sie wissen, wo das echte Straßburg liegt und warum die Dombauhütte des dortigen Münsters wohlhabender ist als so mancher Burgherr entlang der idyllischen Weinstraße.

01/1457/01/R

PIPER

Reinhold Neven Du Mont
Gebrauchsanweisung für Köln

192 Seiten. Gebunden

»Jeder Jeck is anders«, so das Motto des Kölners, dem Toleranz so wichtig ist wie der Dom. Denn ob links- oder rechtsrheinisch, jedem wird es warm ums Herz beim Anblick der Spitzen dieses uralten Wahrzeichens. Lebensfroh und gemütlich zeigt sich der Rheinländer jedem, der in die Stadt kommt, ob zum Weltkrippenkongreß oder Christopher Street Day, zum Popcom-Musikfest oder einfach nur, um das Museum Ludwig zu besuchen. Und dann gibt es natürlich noch die Karnevalszeit, in der man die Frohnaturen bei einem Kölsch so richtig lieben lernen kann. Die Römer wußten schon, warum sie sich gerade hier so gerne niedergelassen haben.

01/1456/01/R